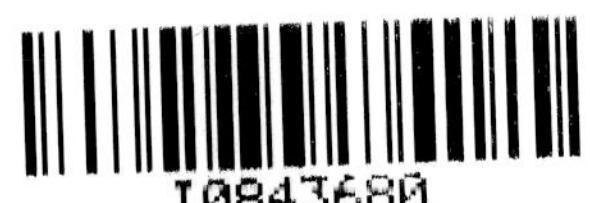
I0843680

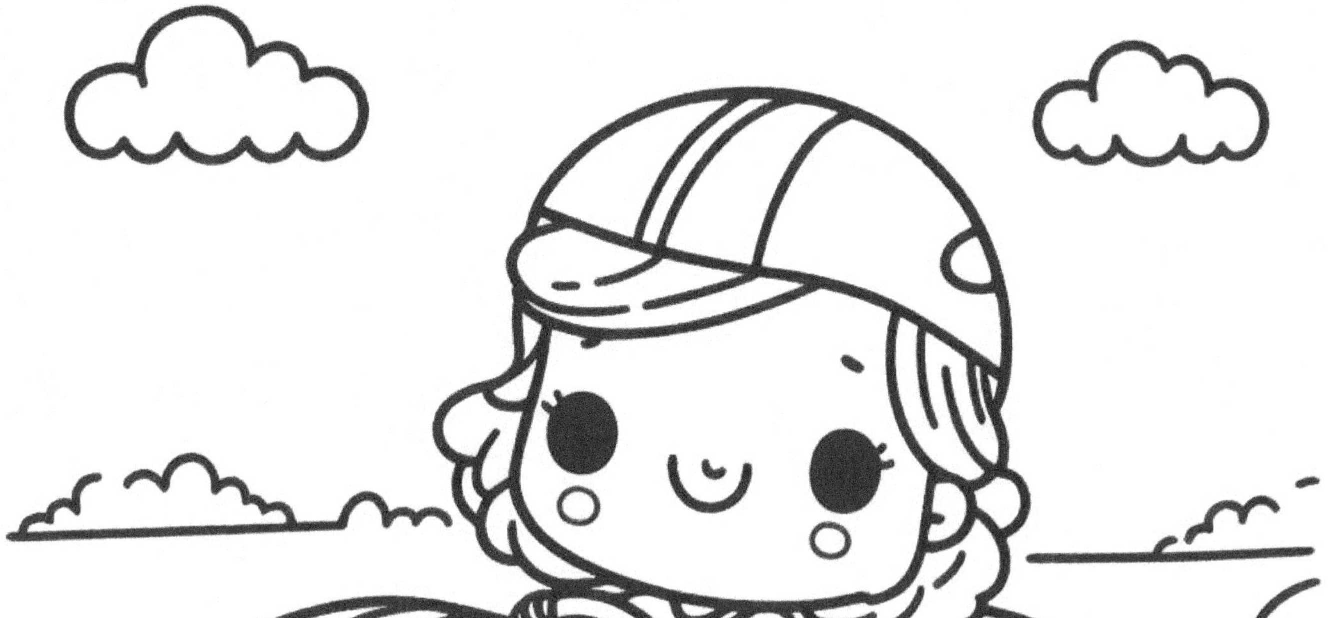

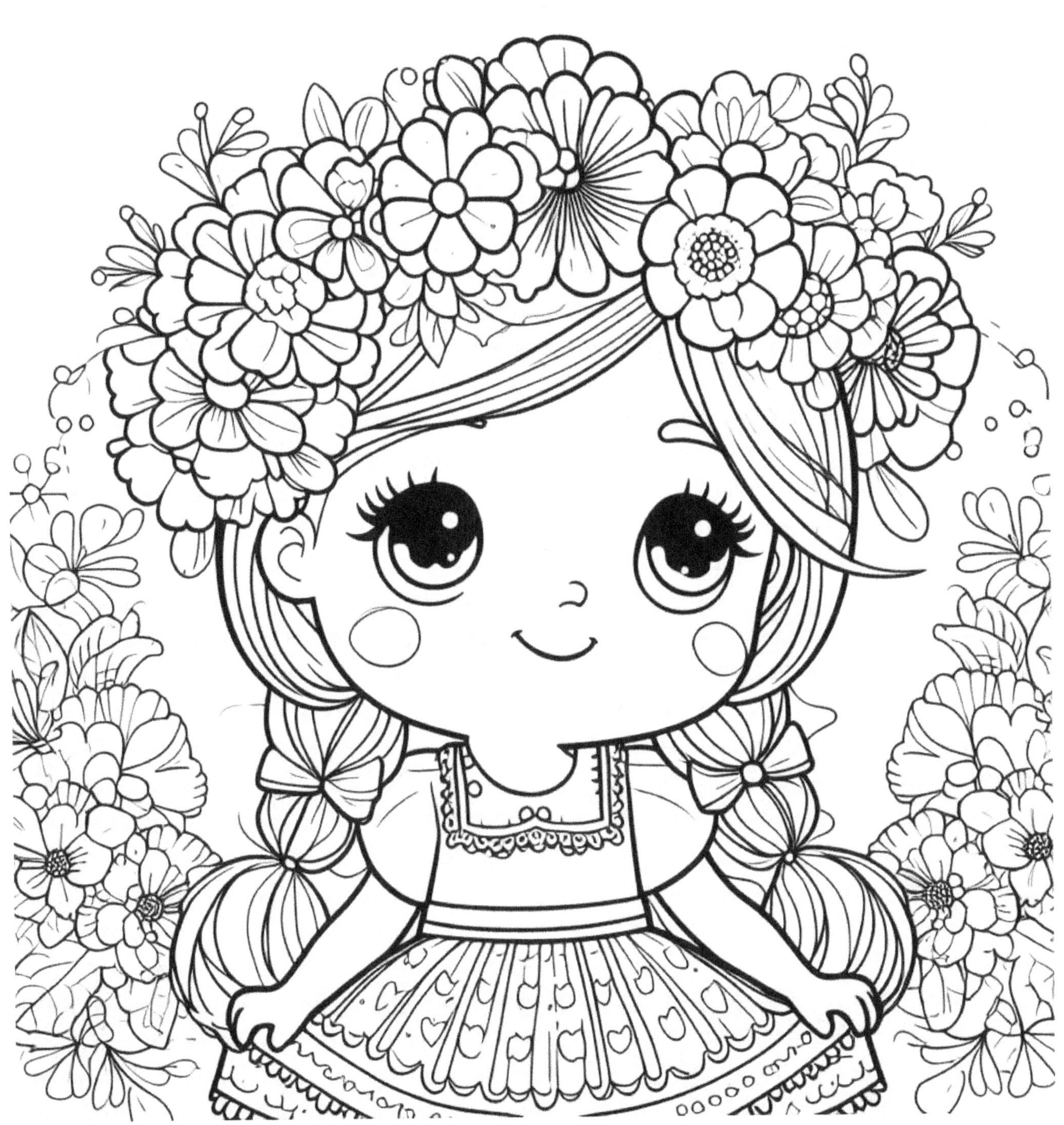

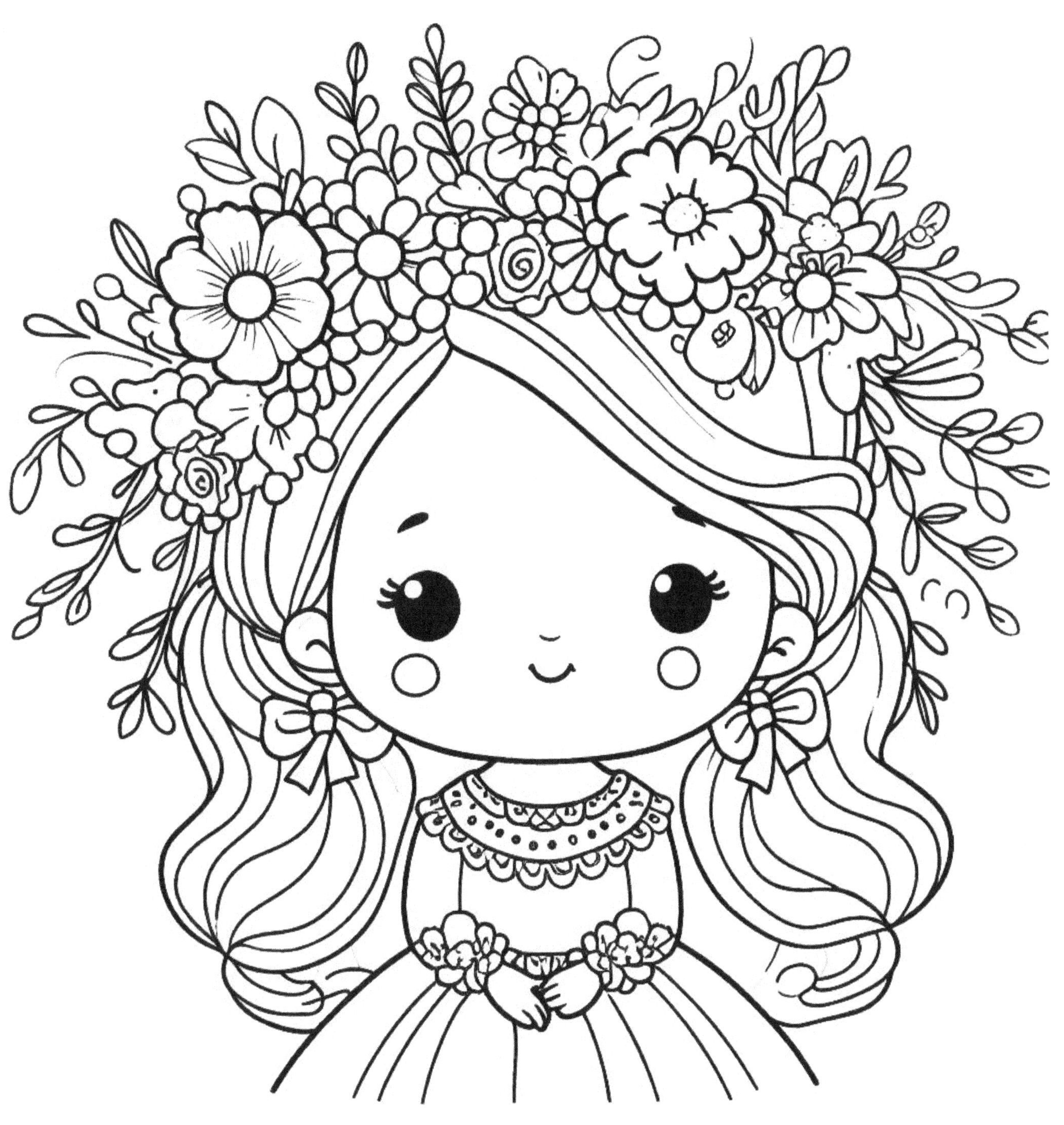

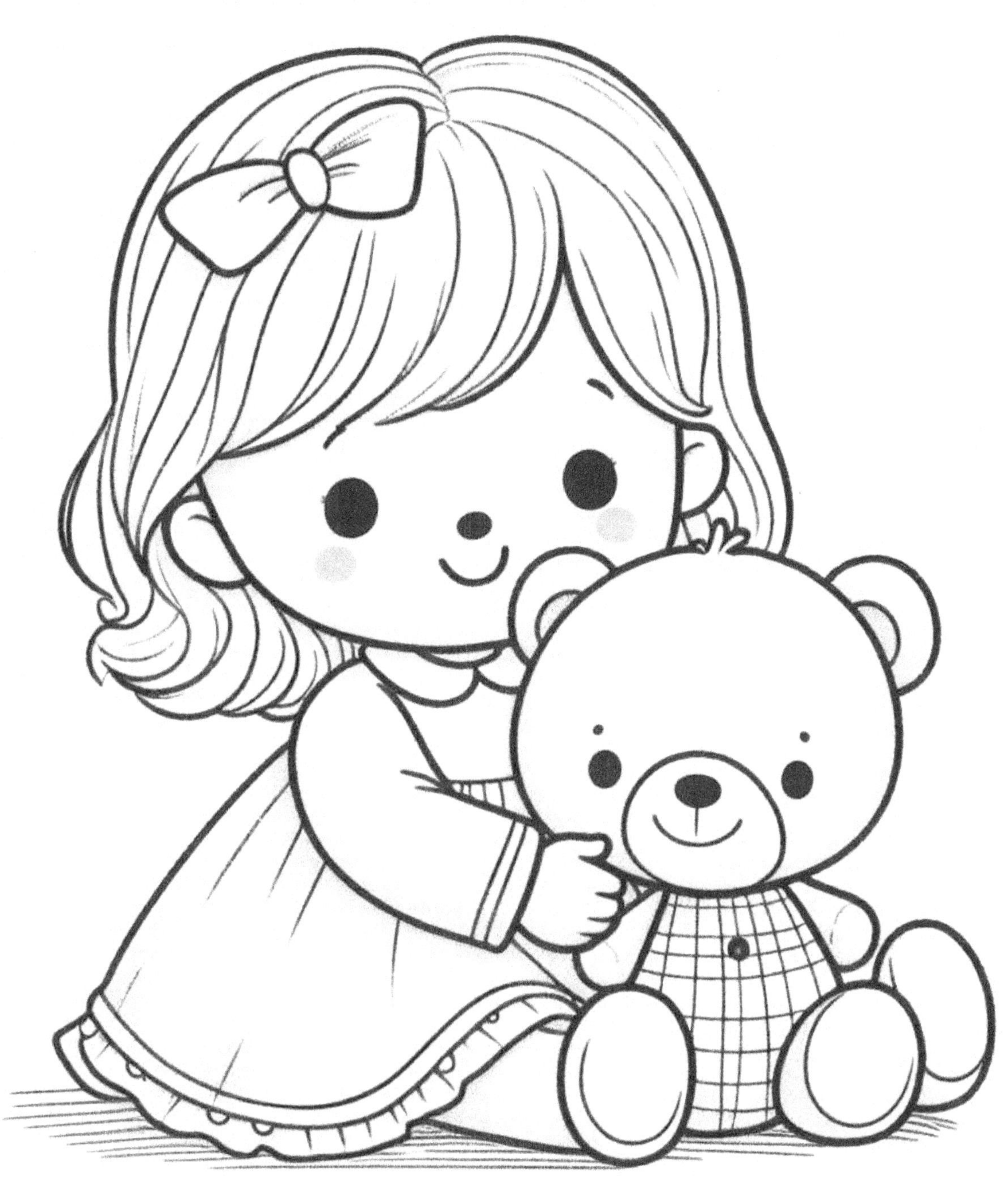

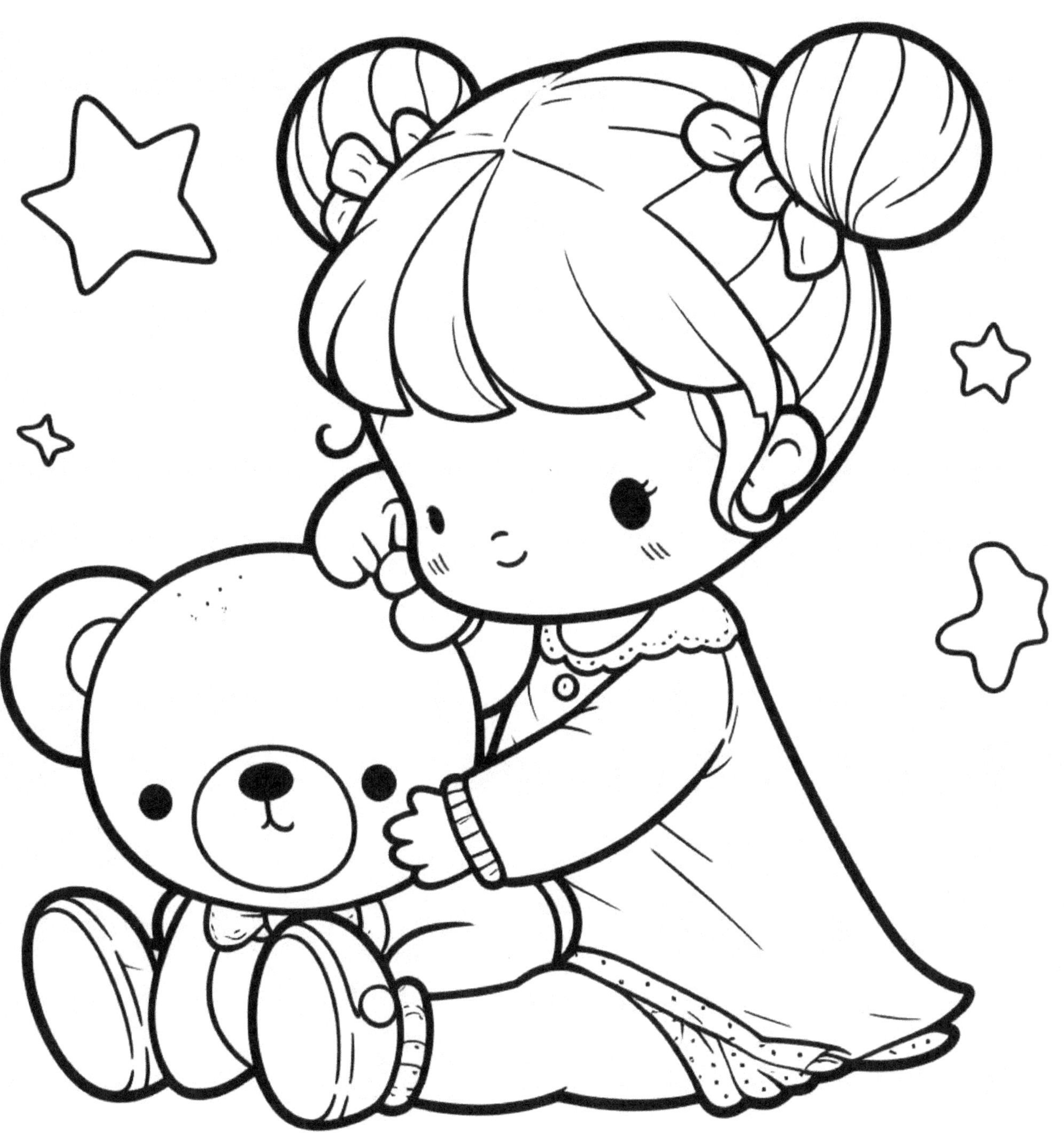

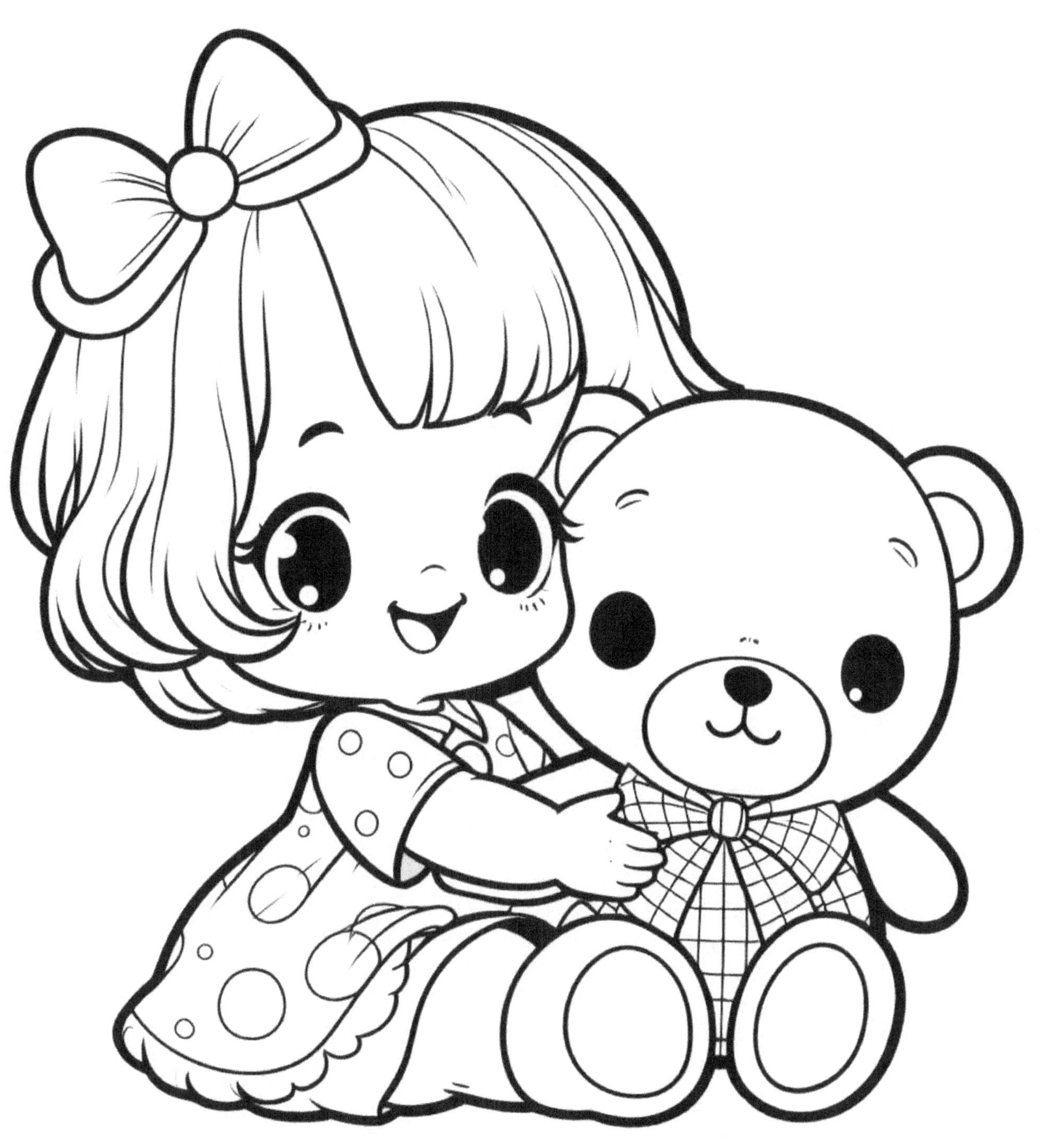

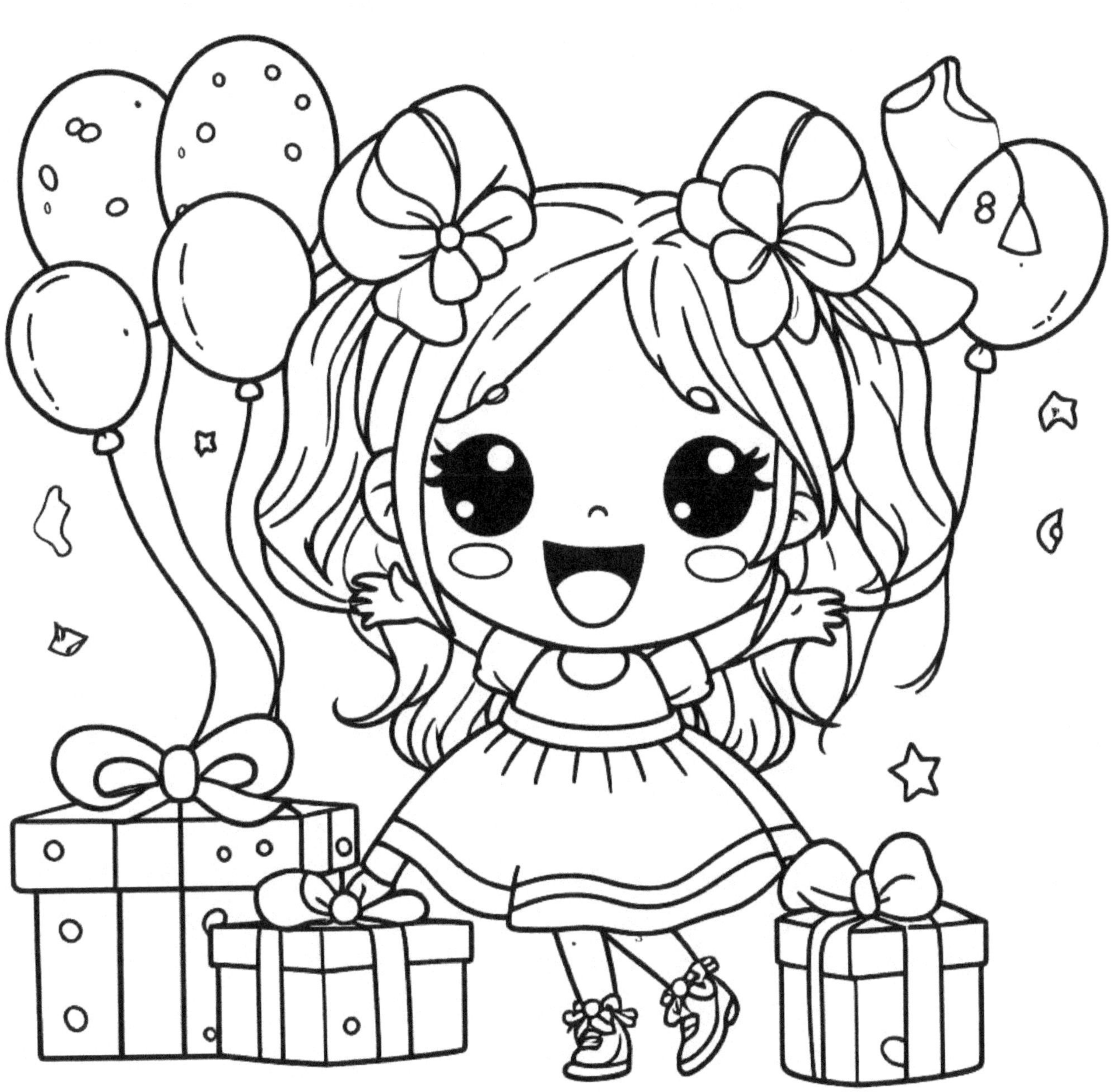

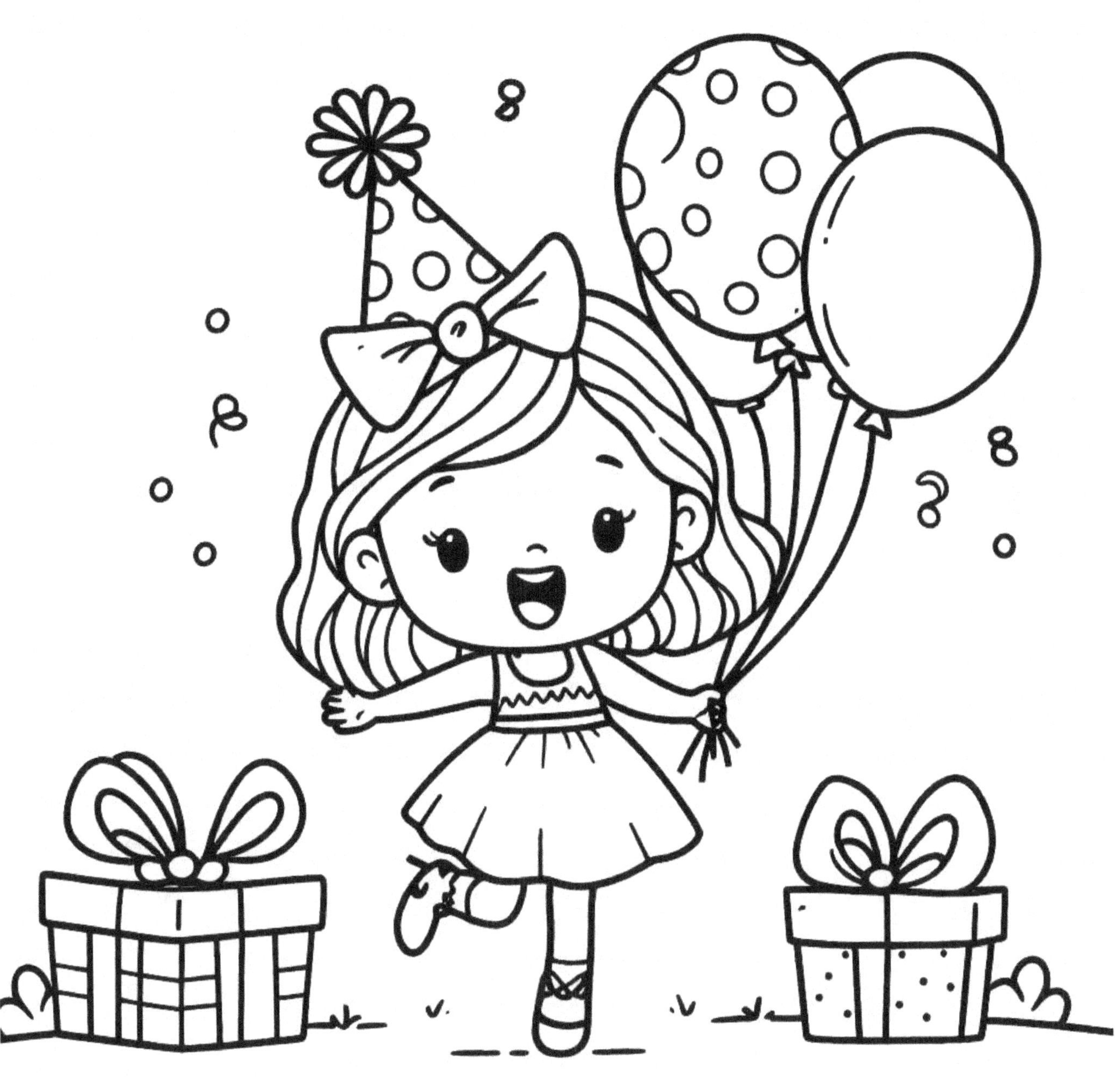

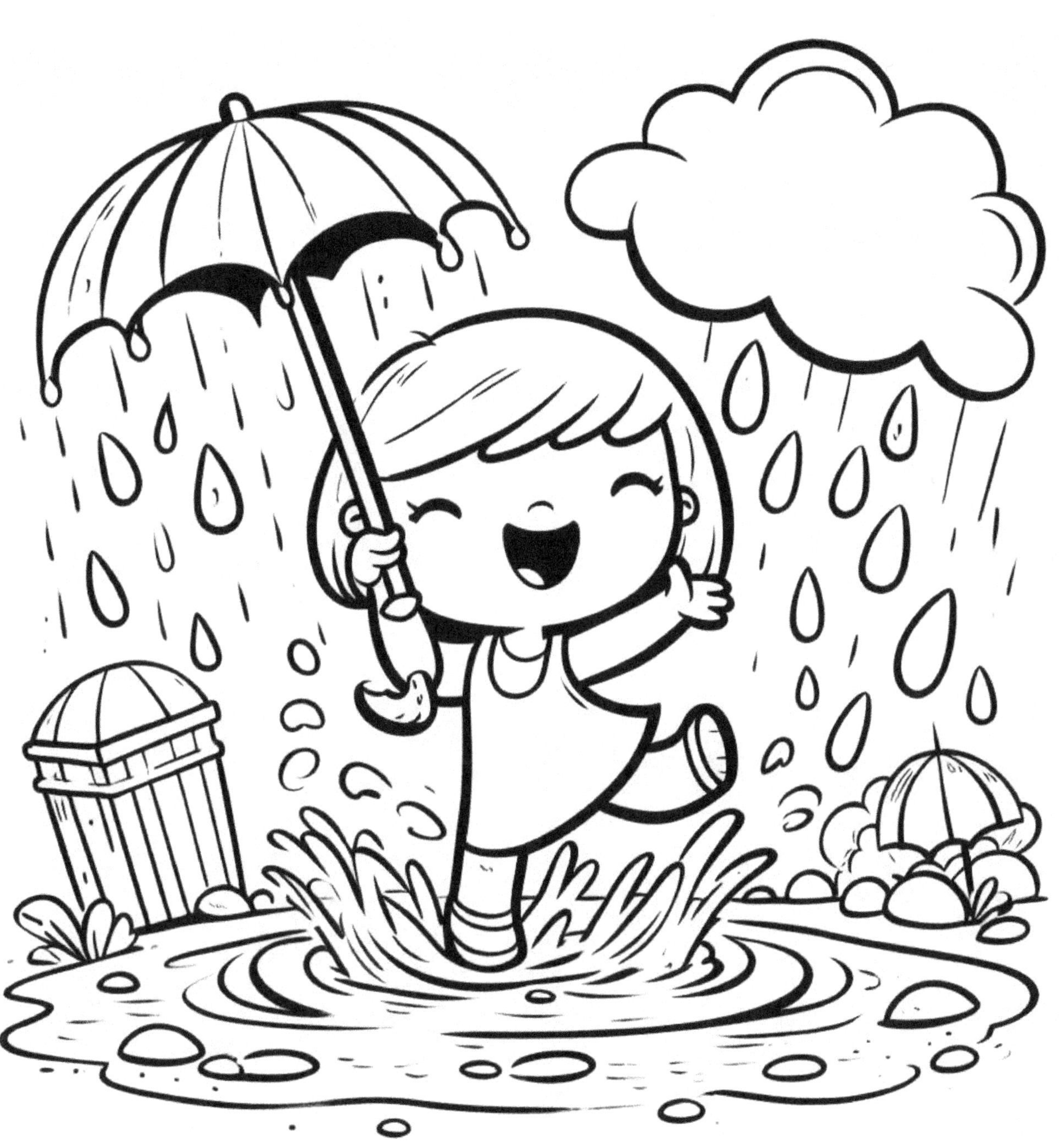

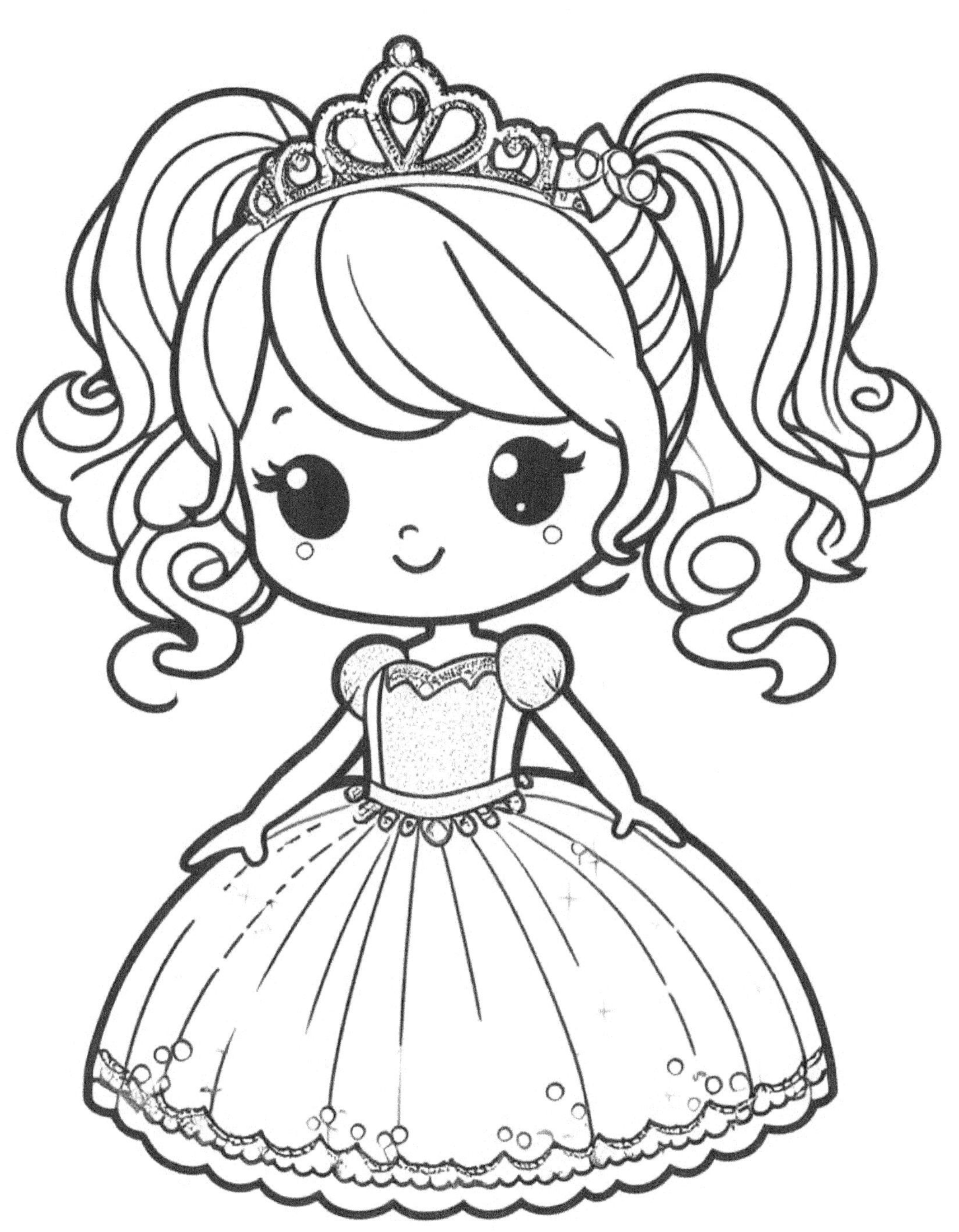

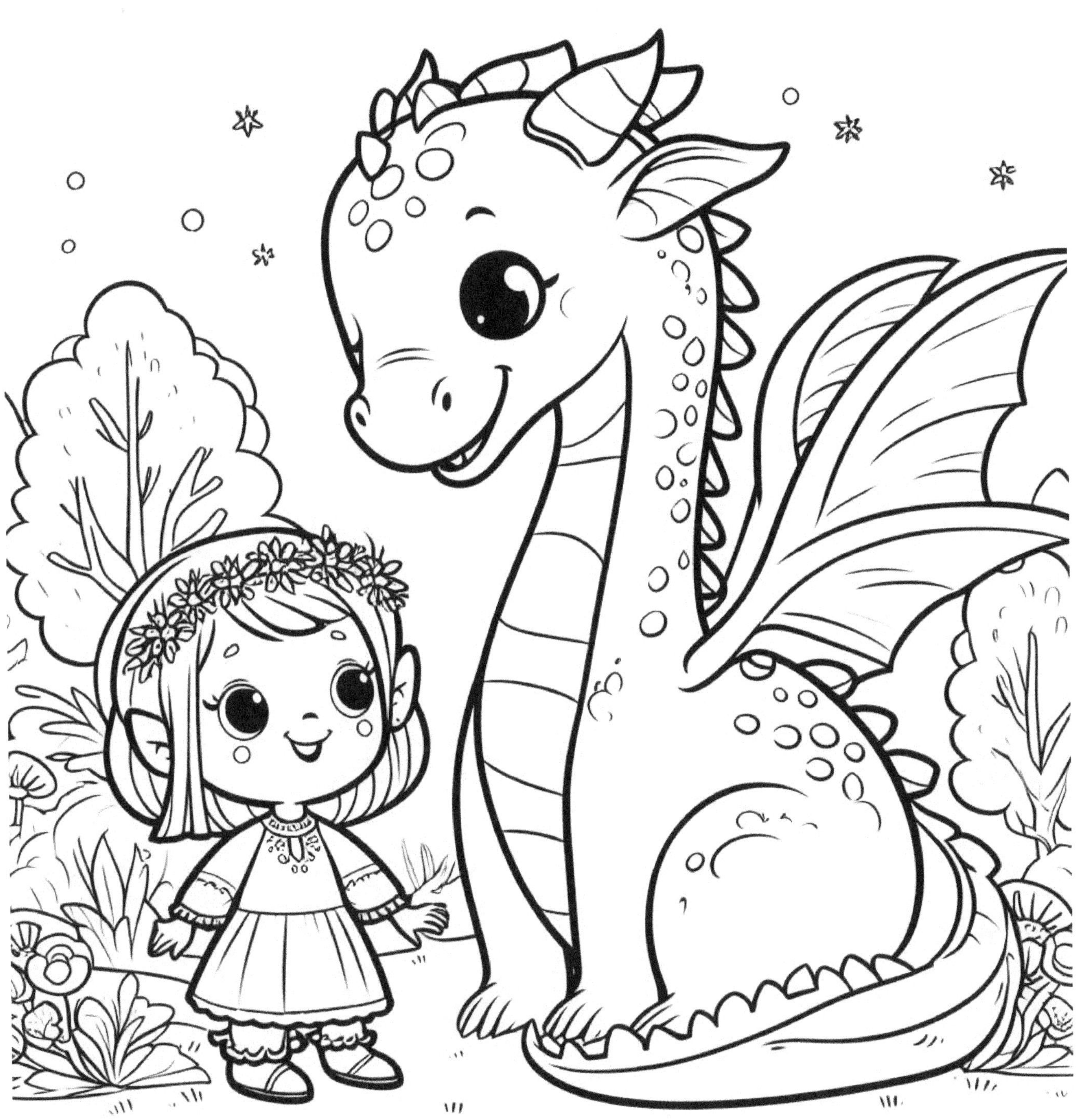

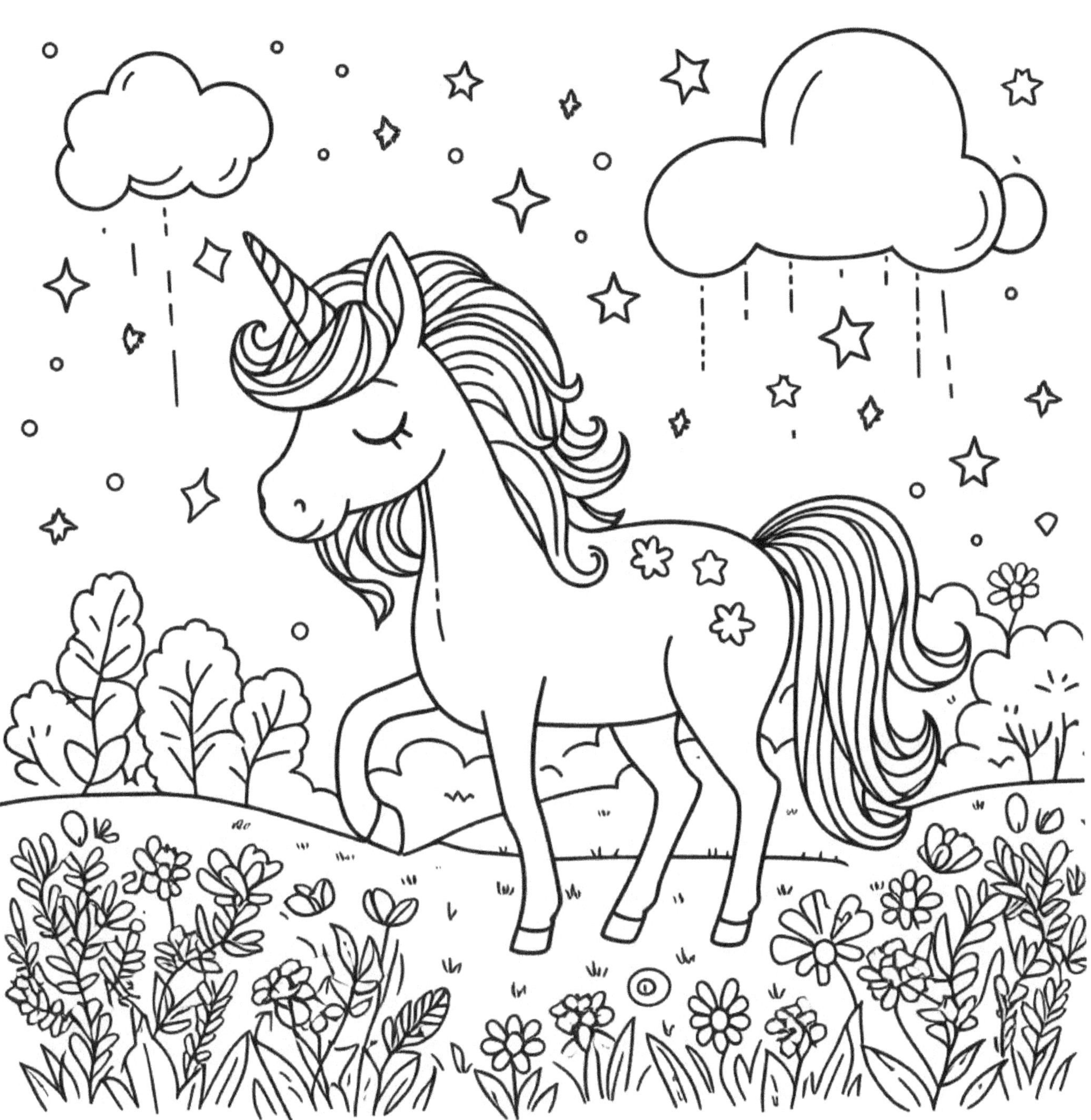

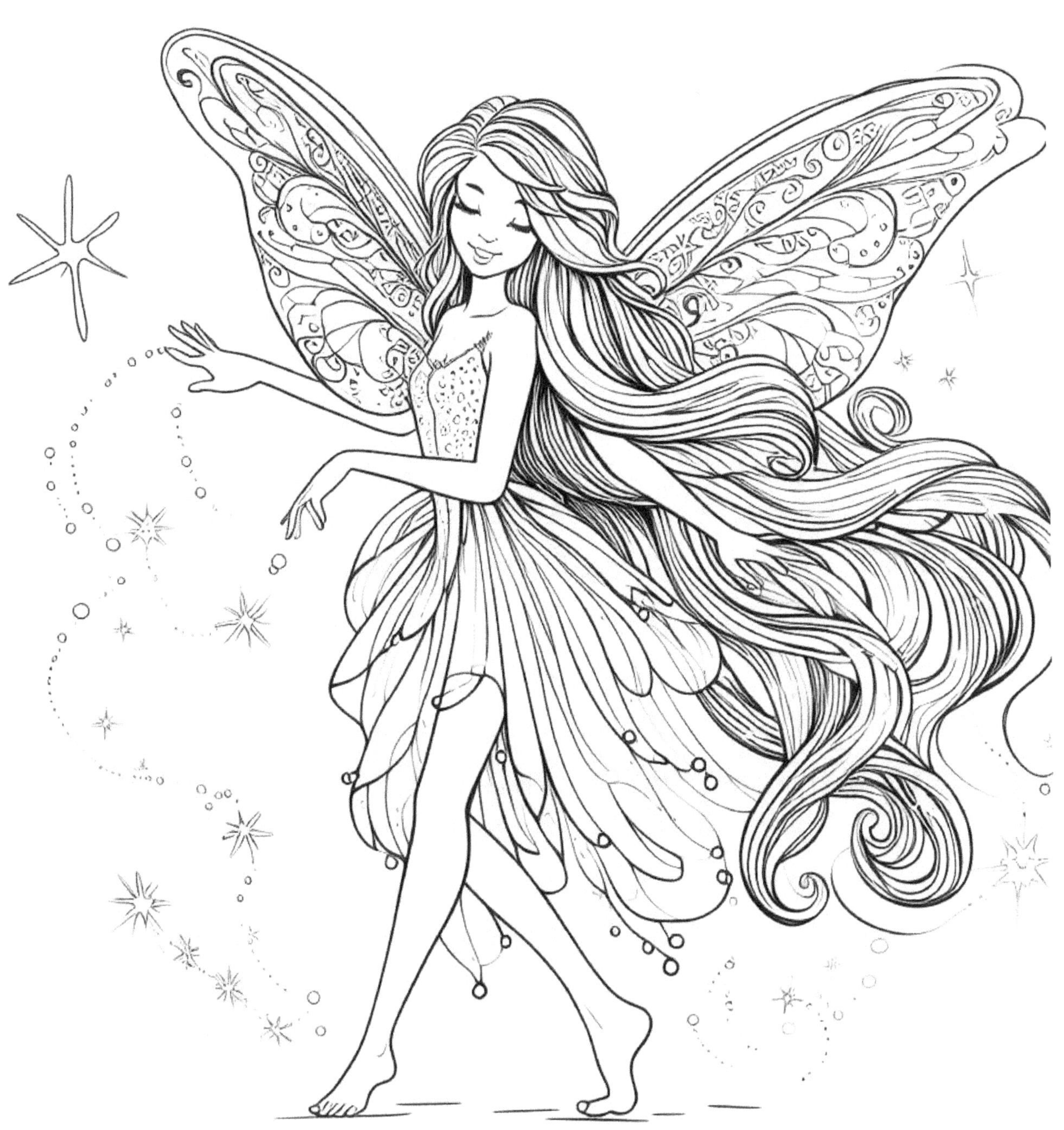

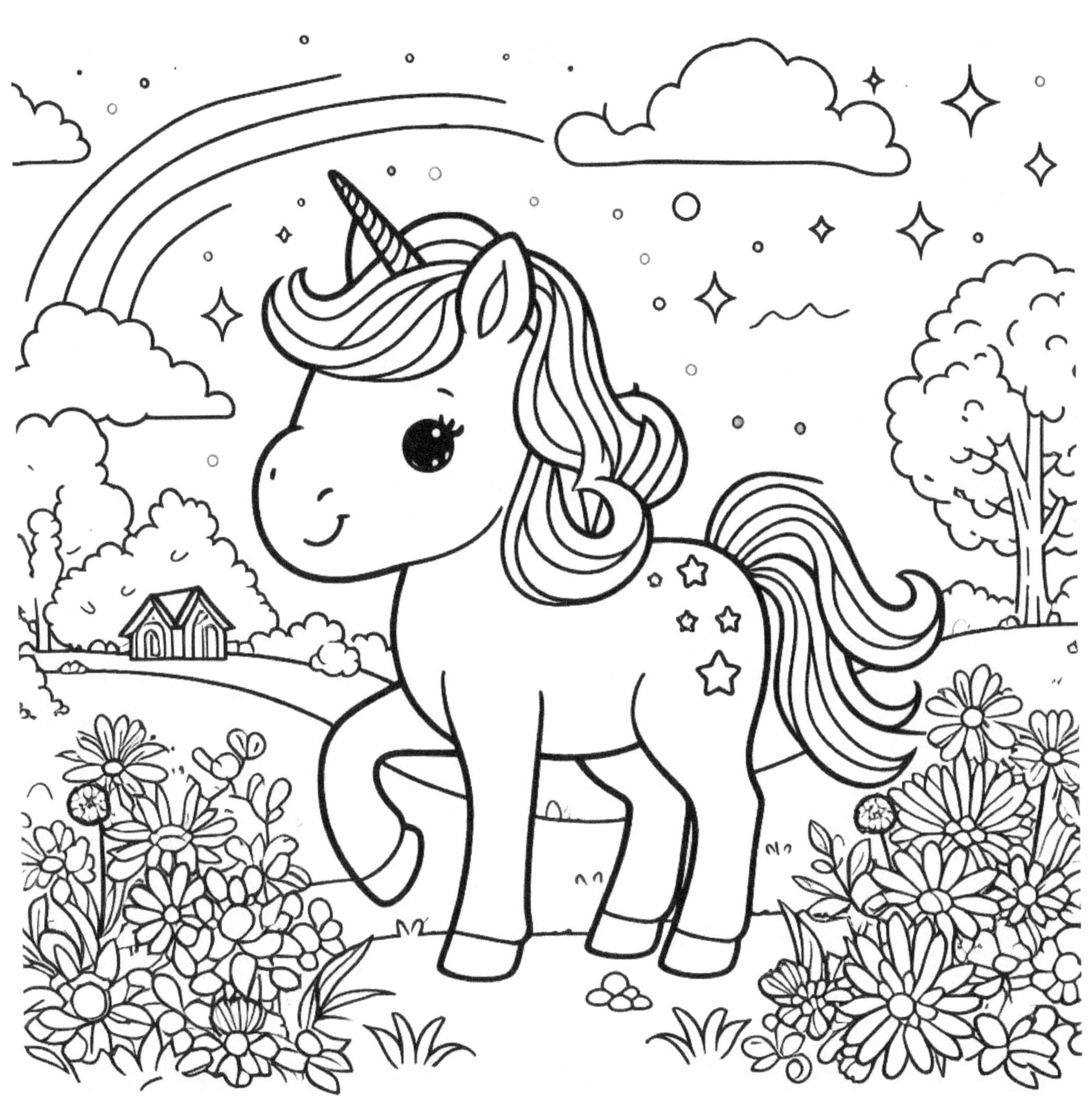

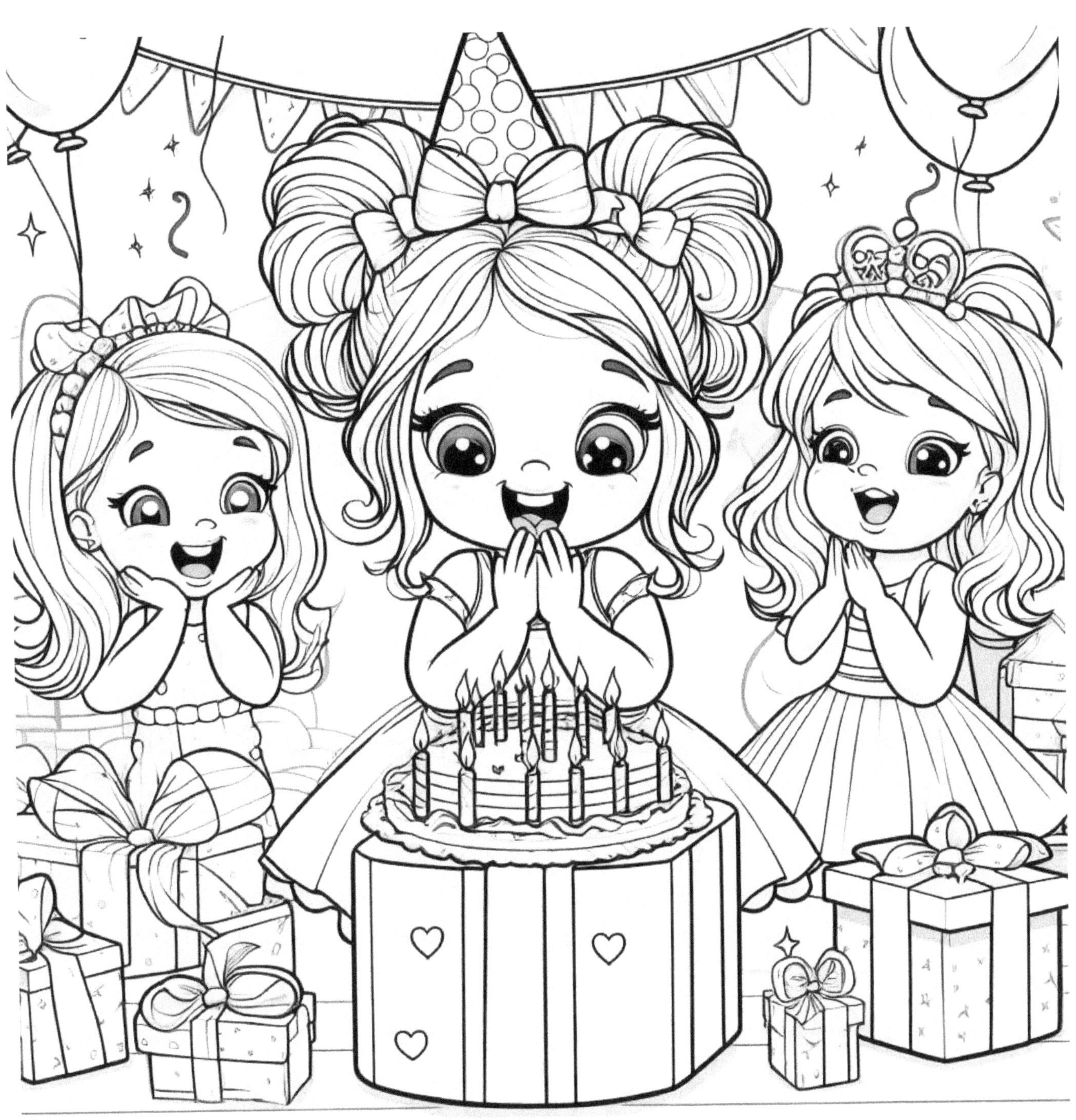

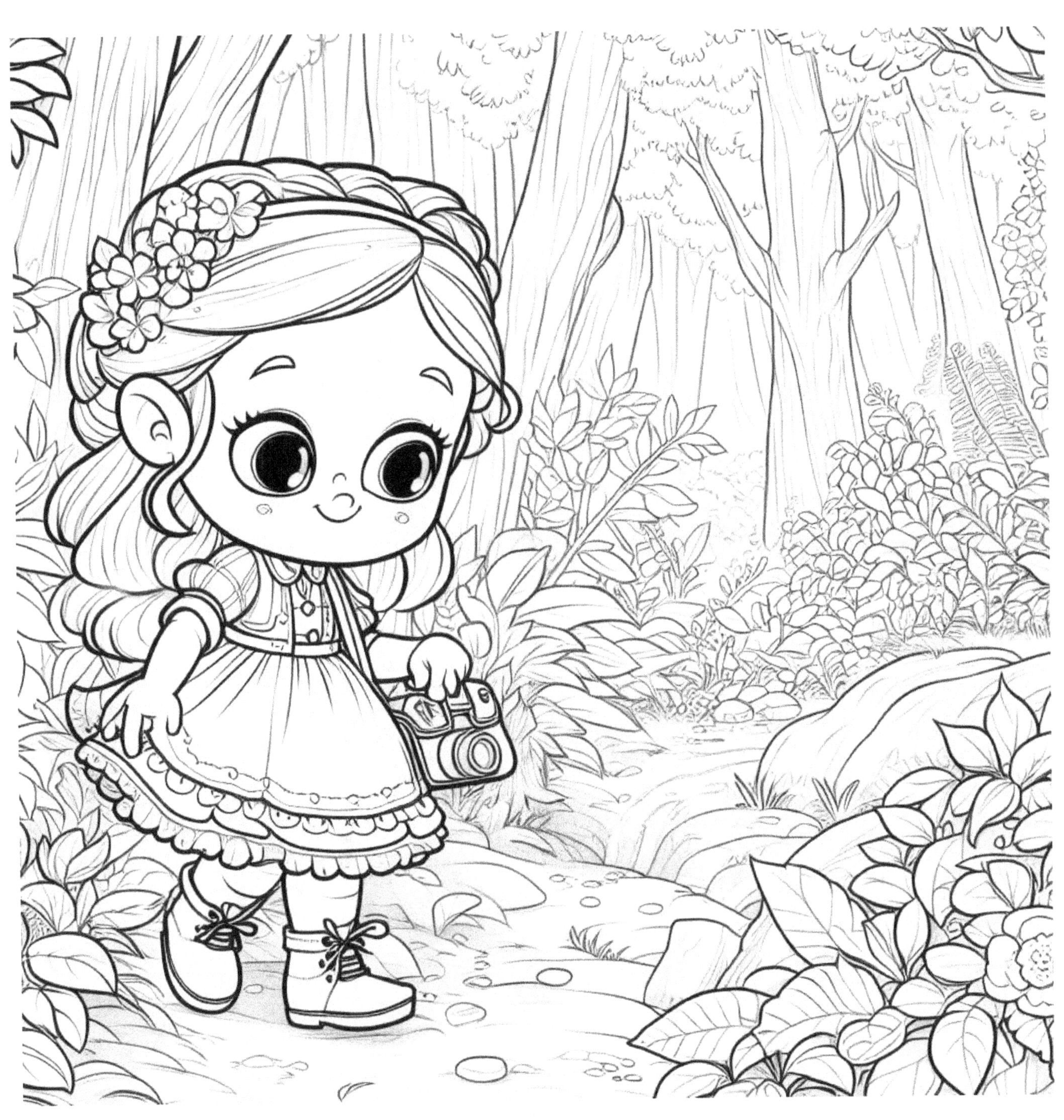

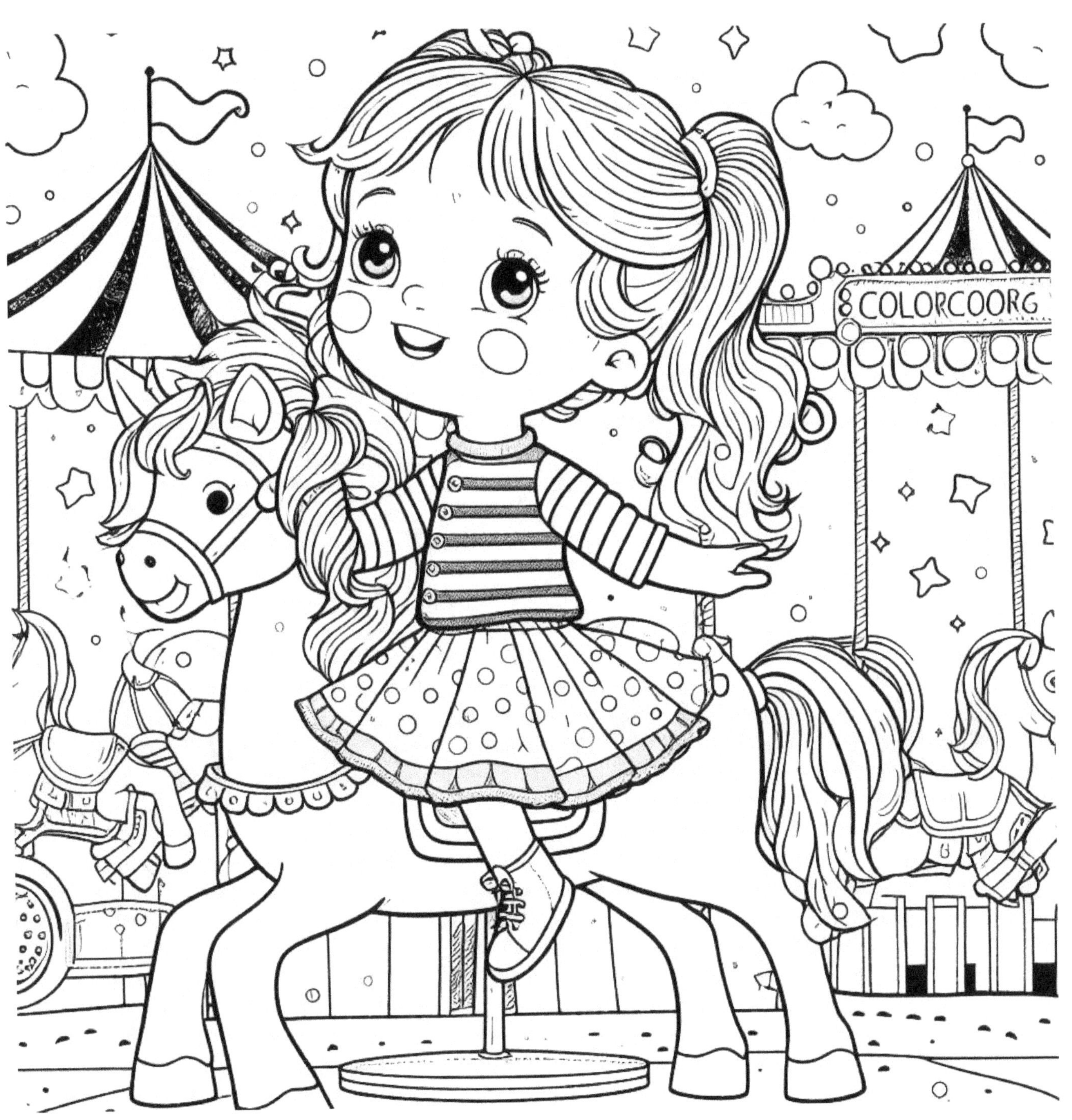

COLORCOORG

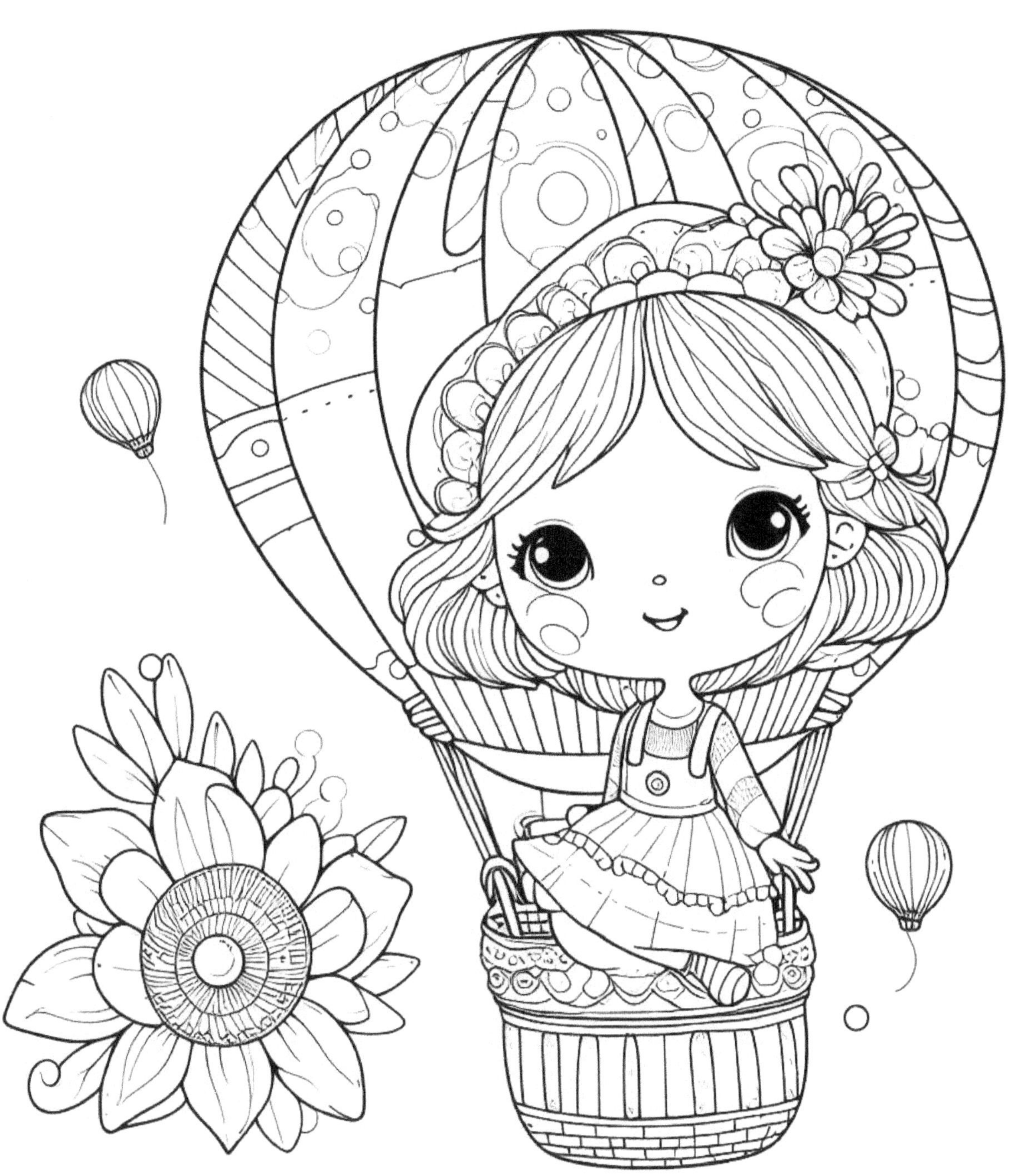

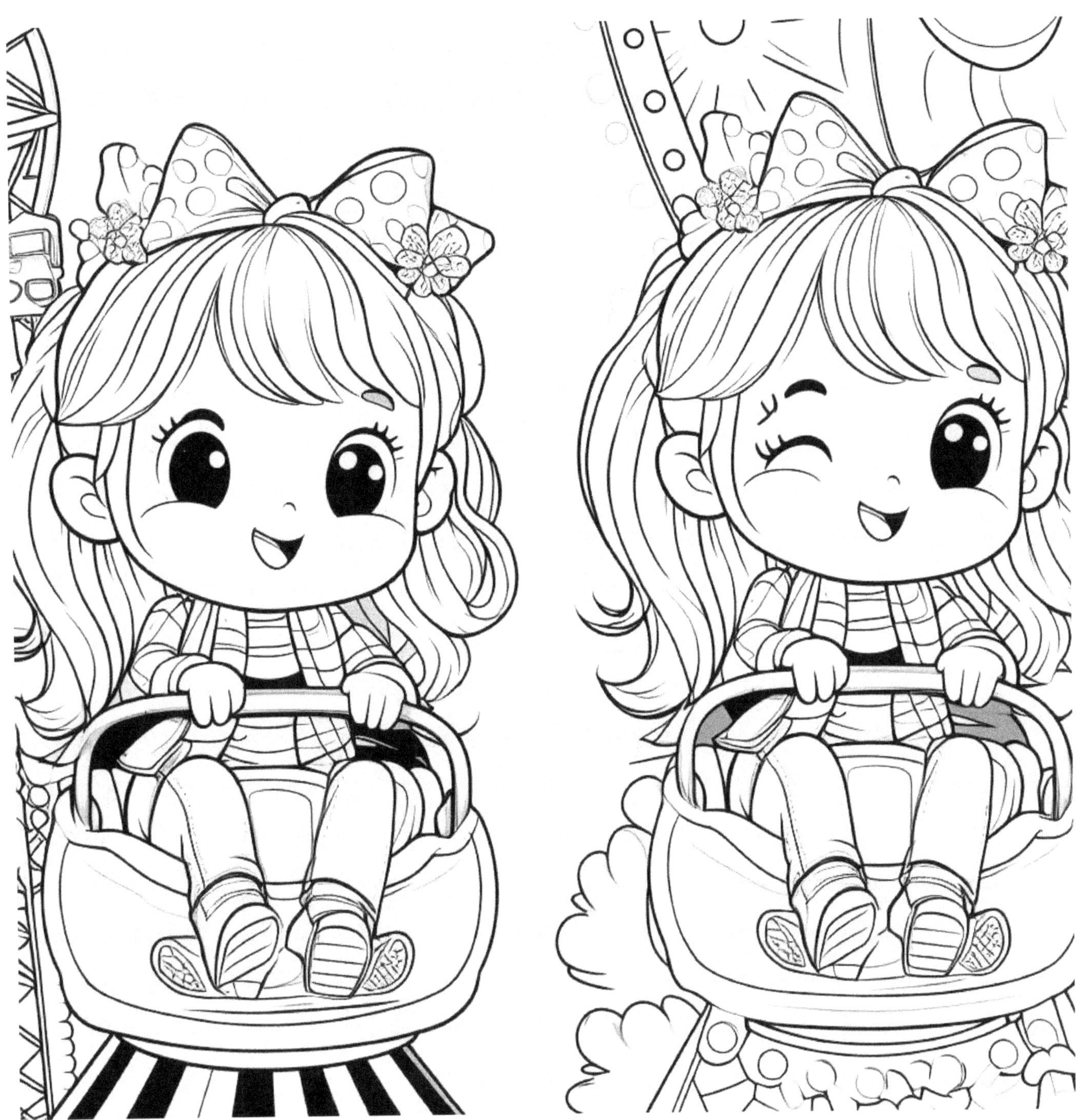

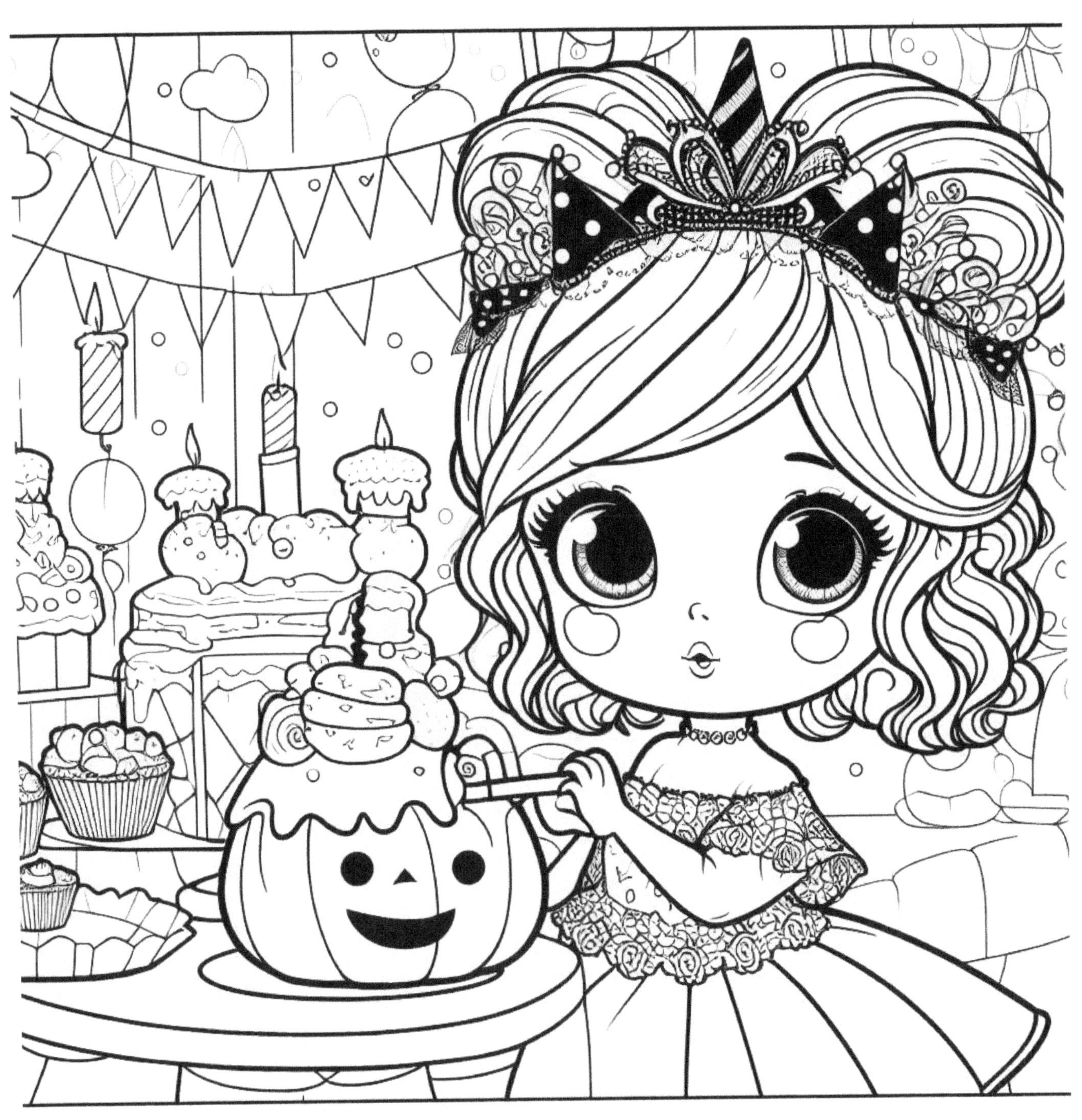

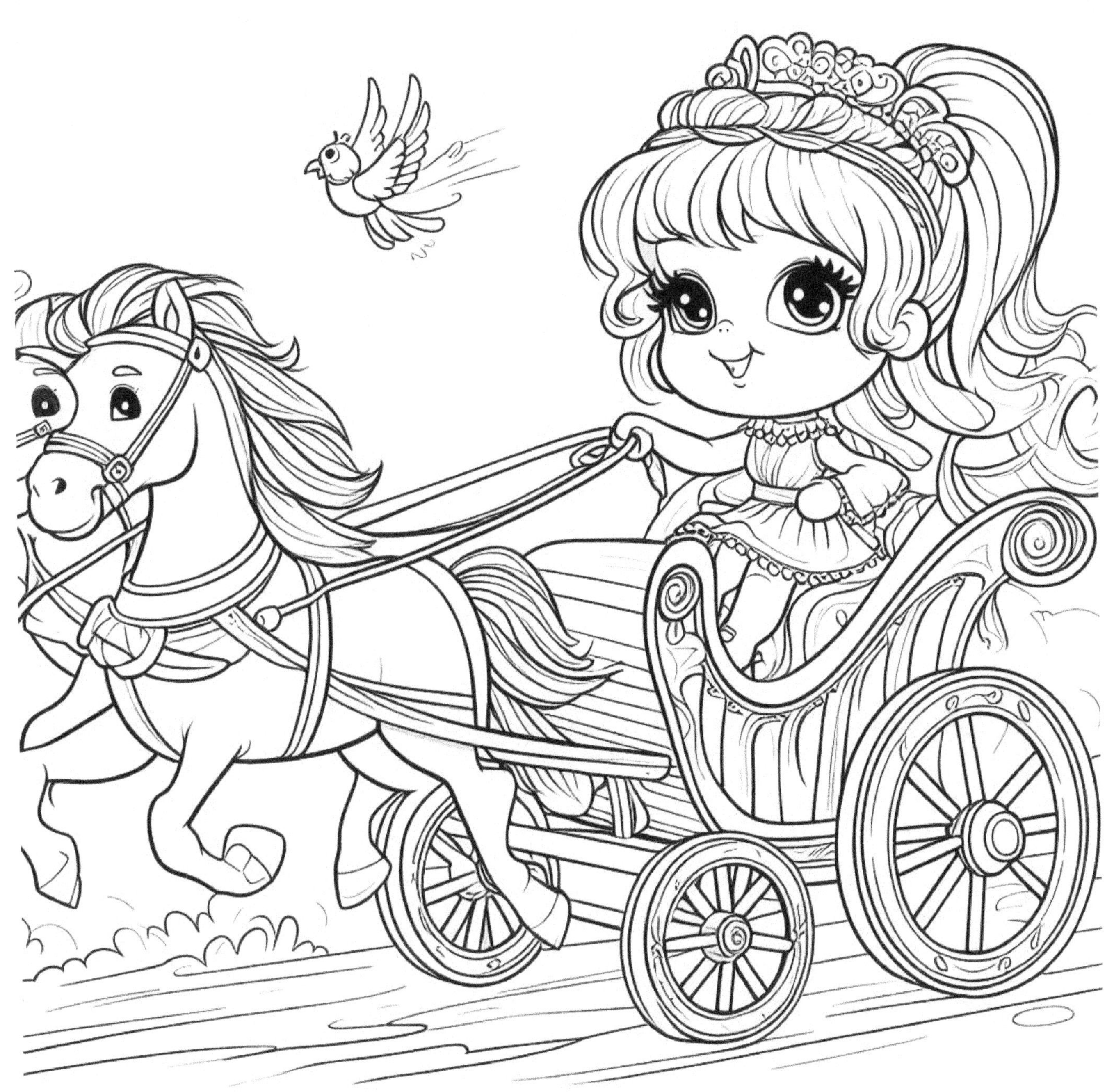

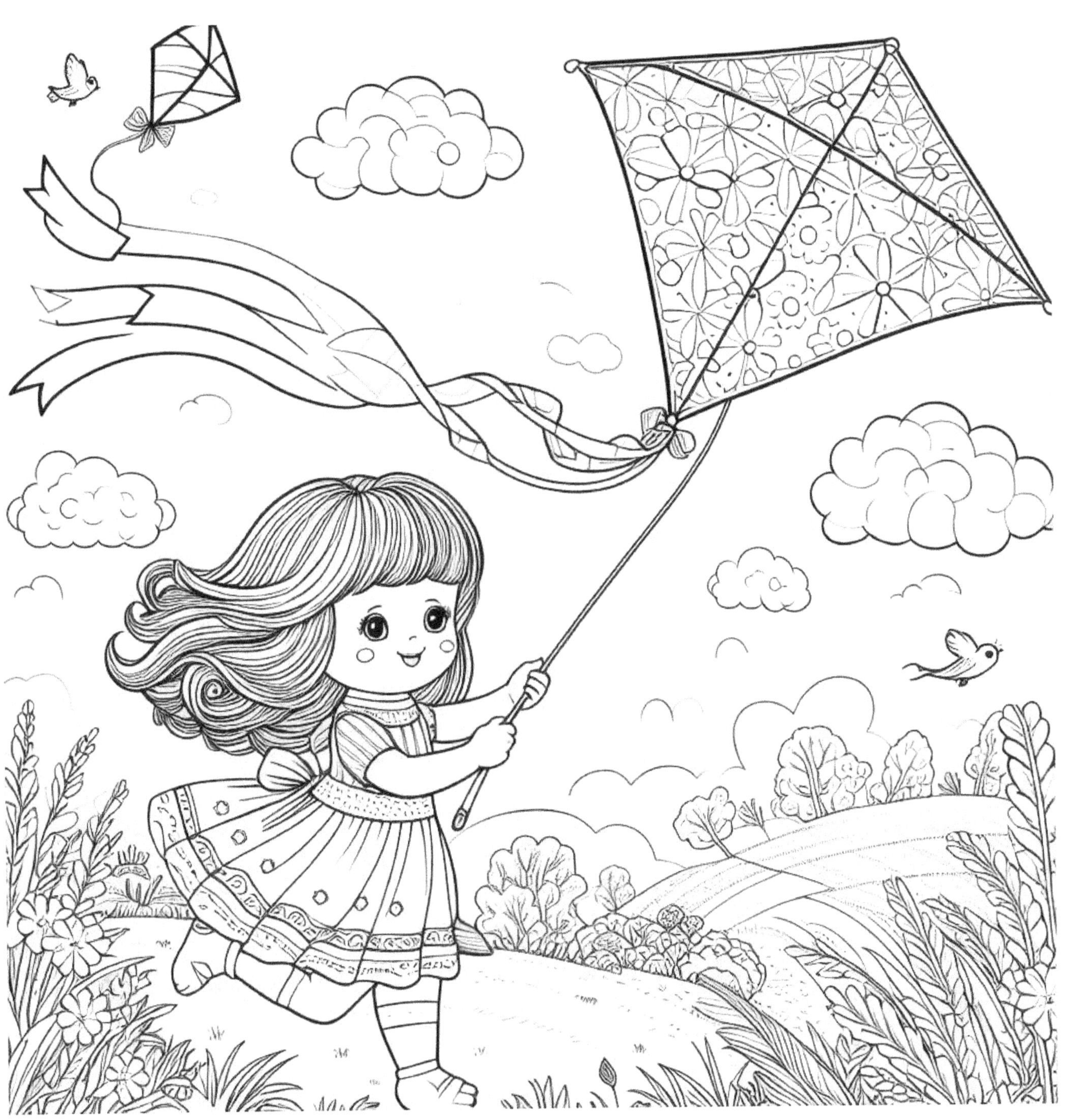

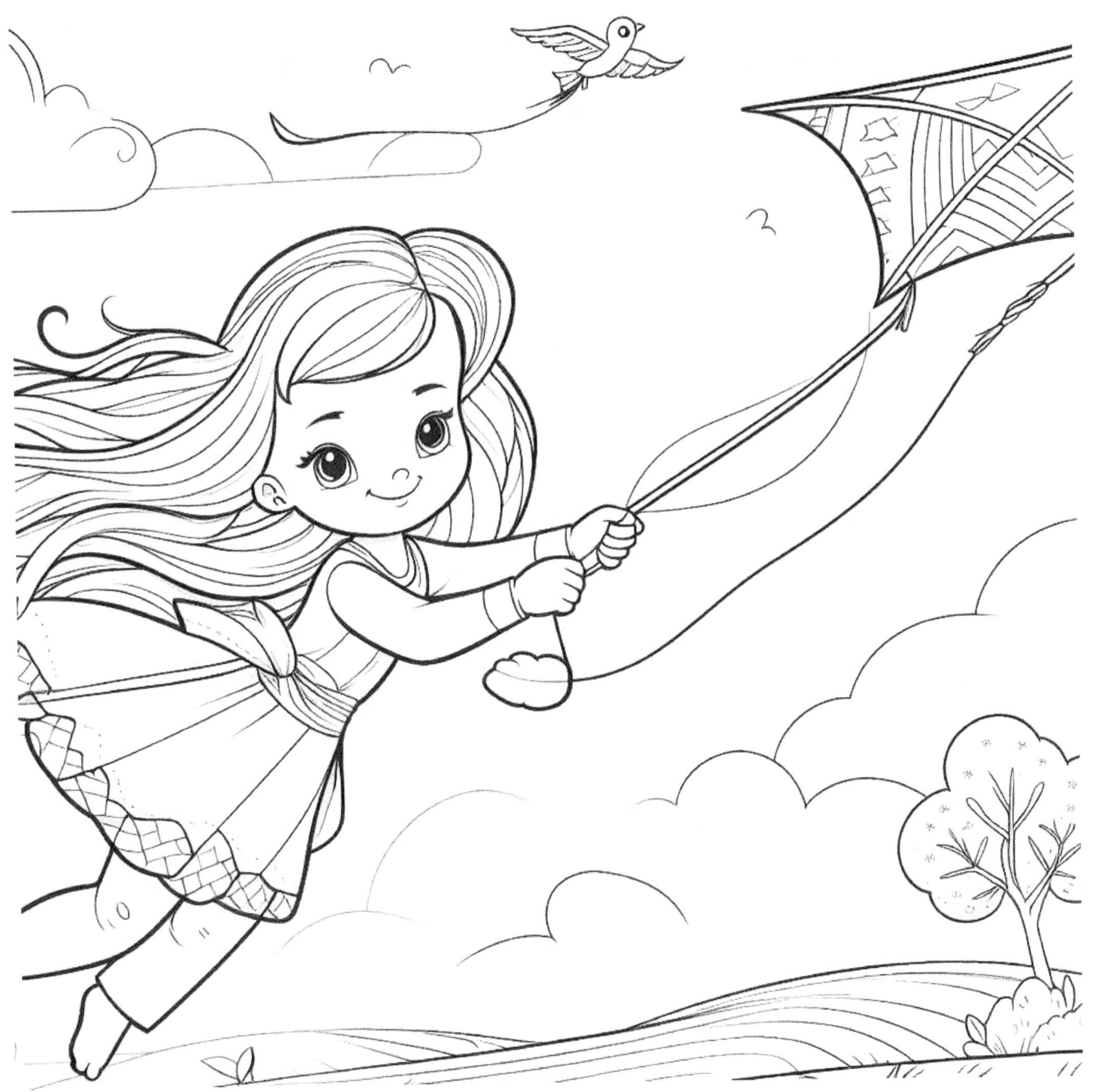

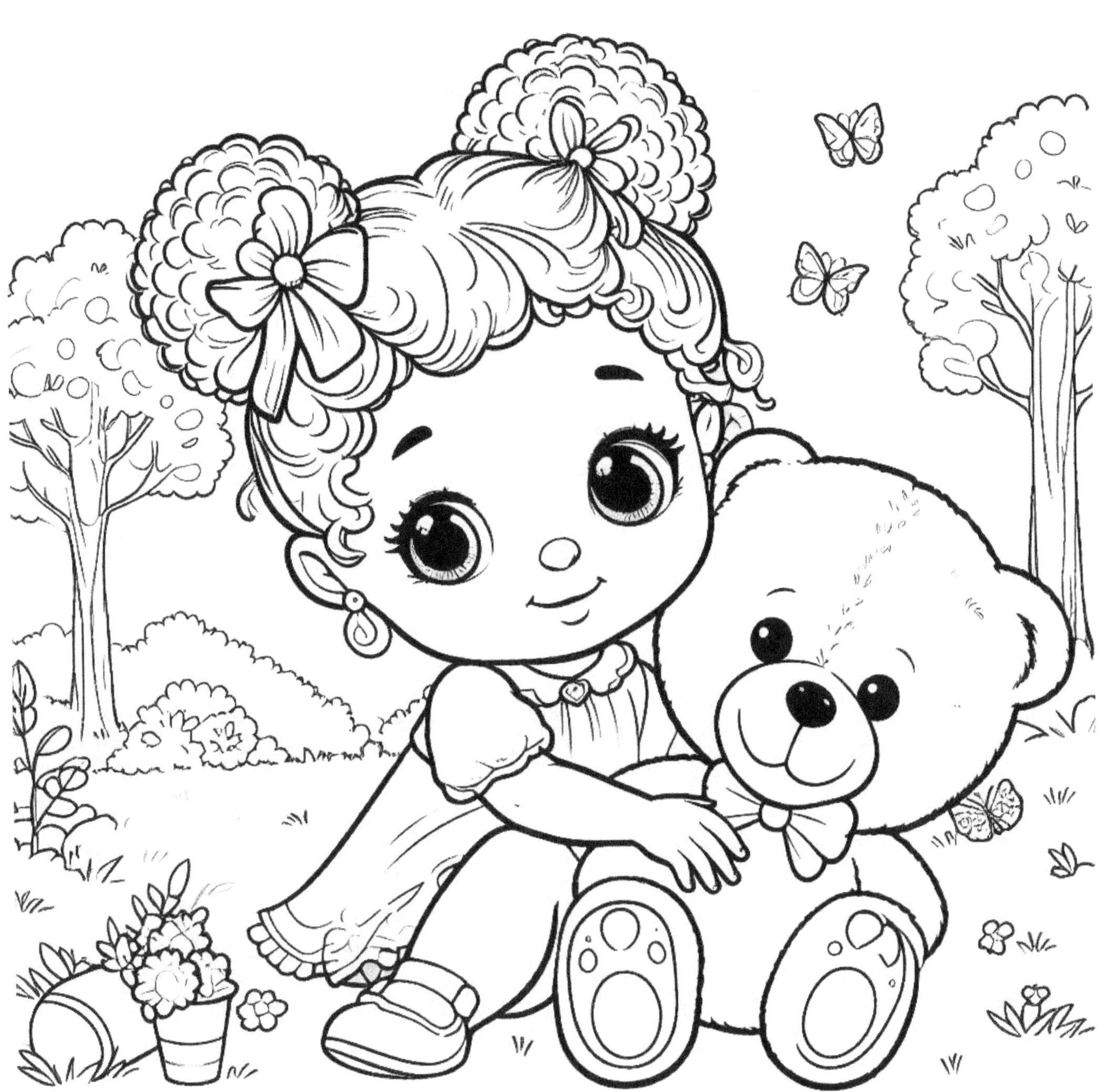

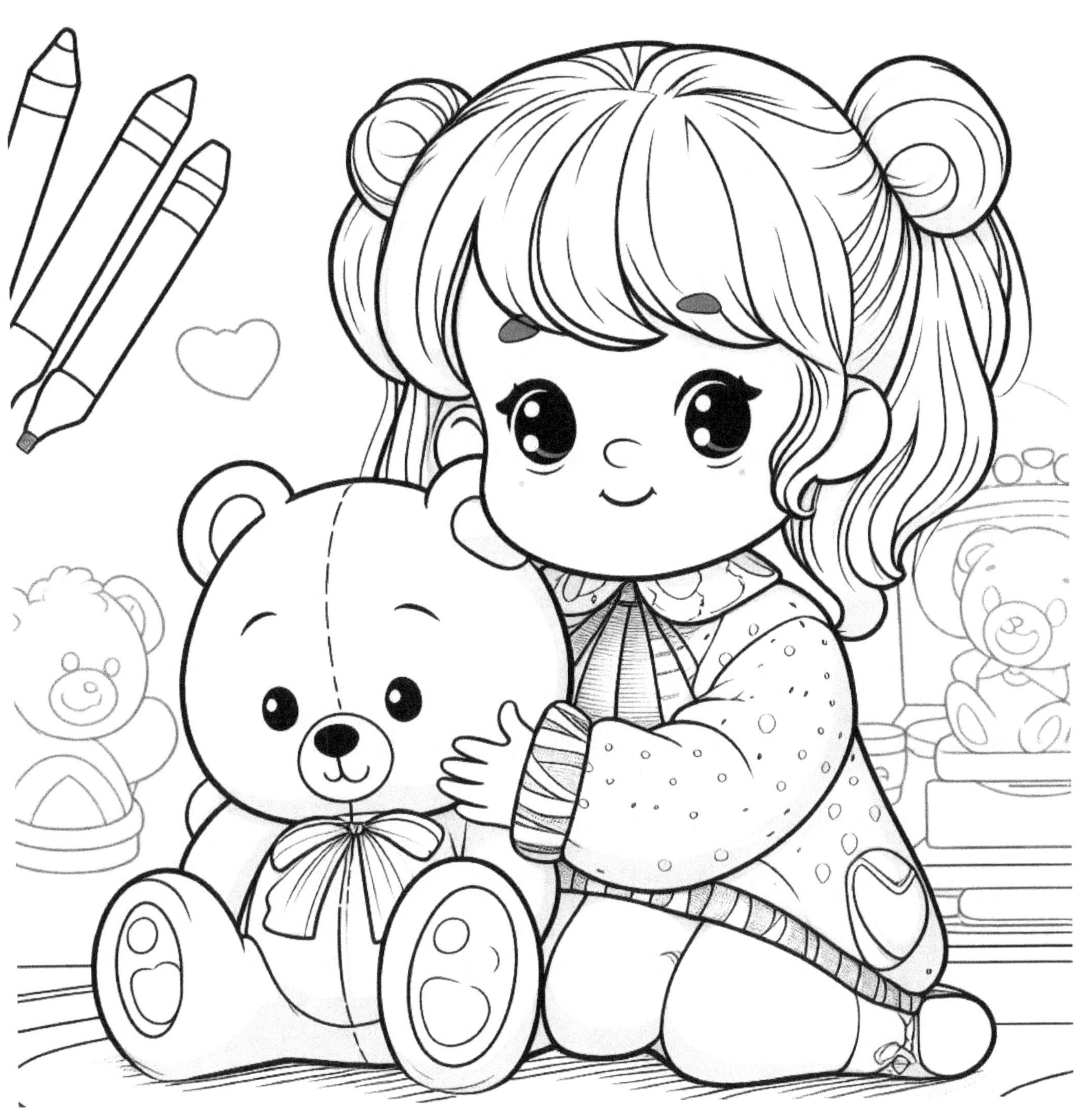

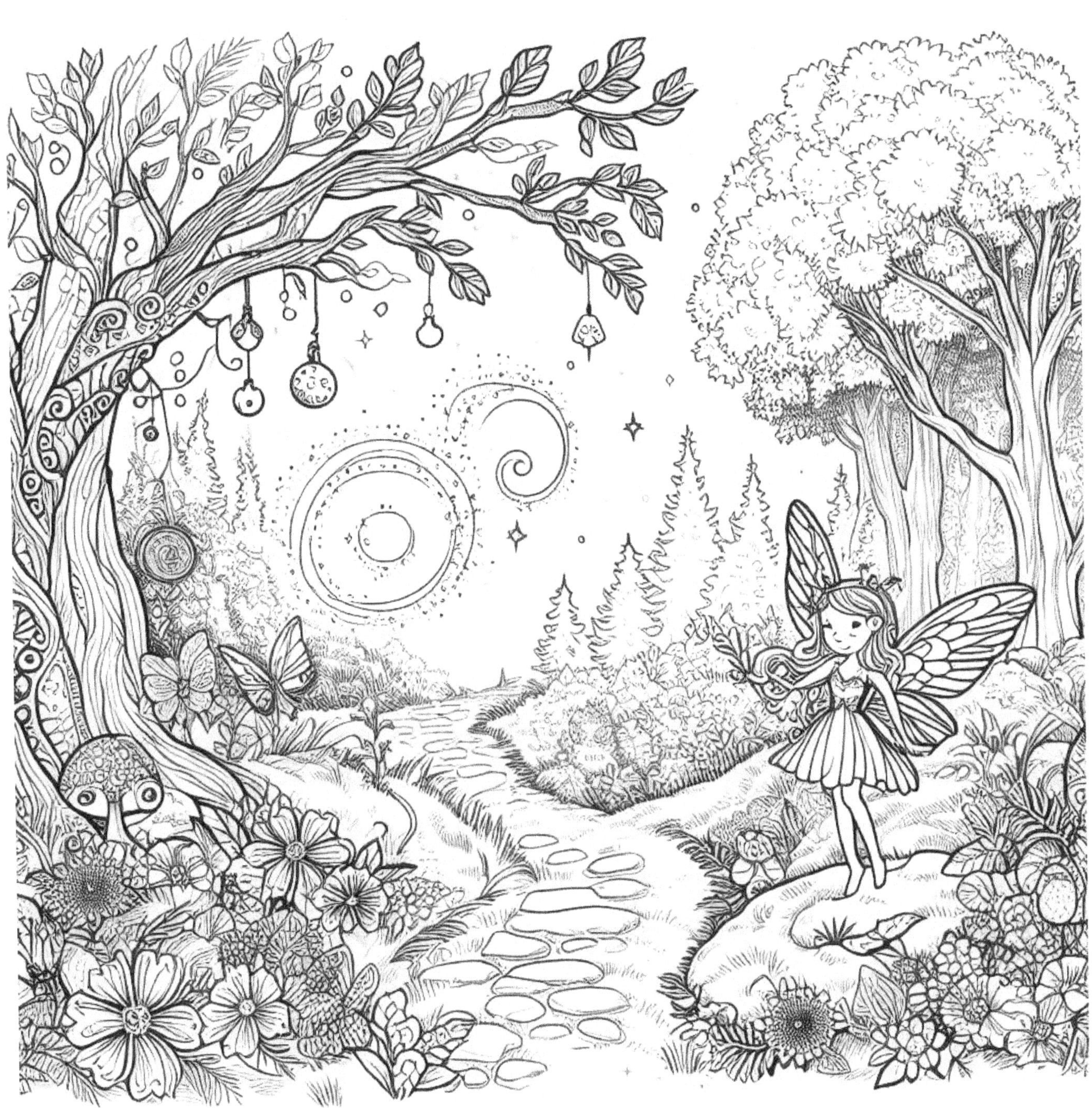

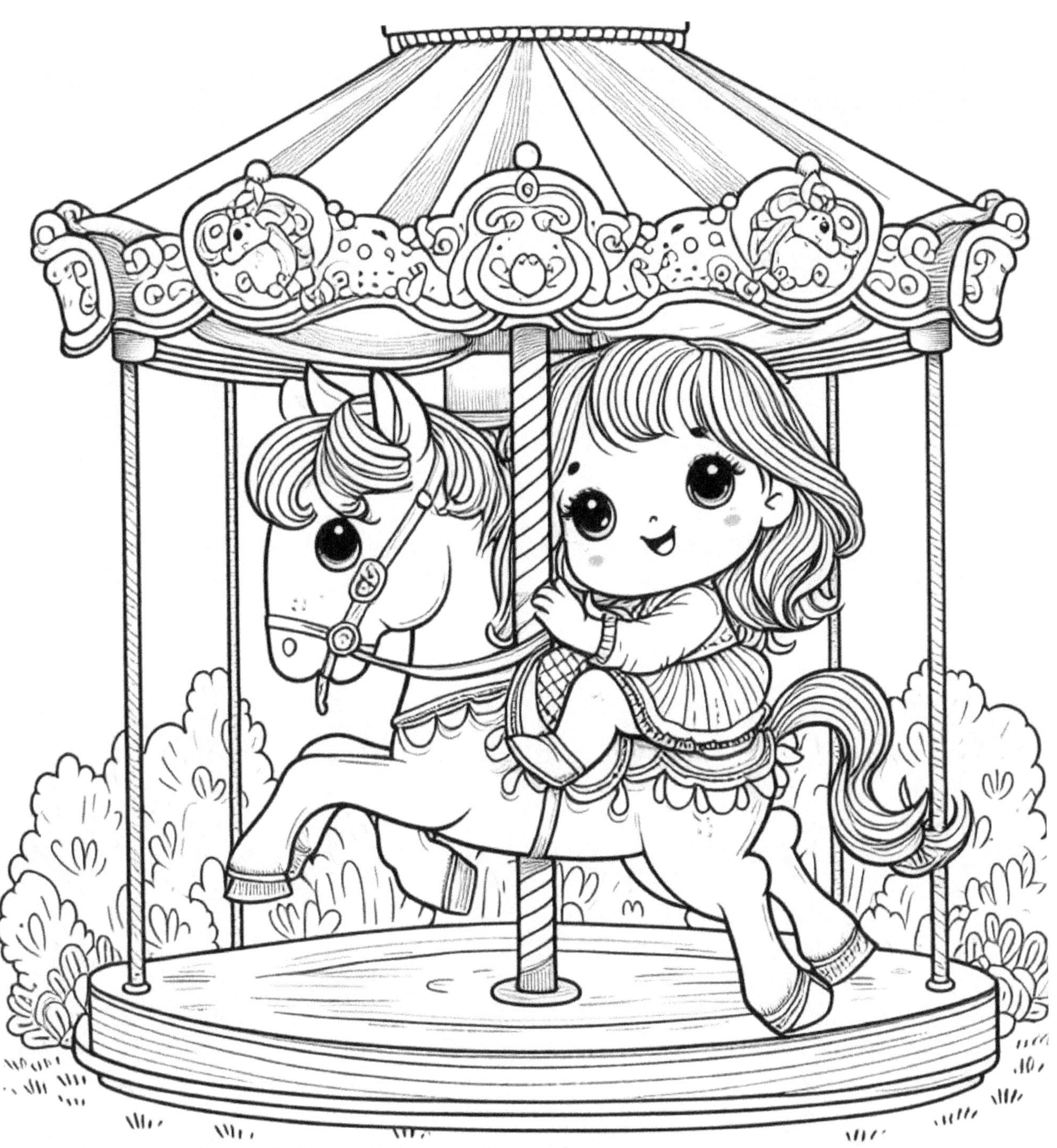

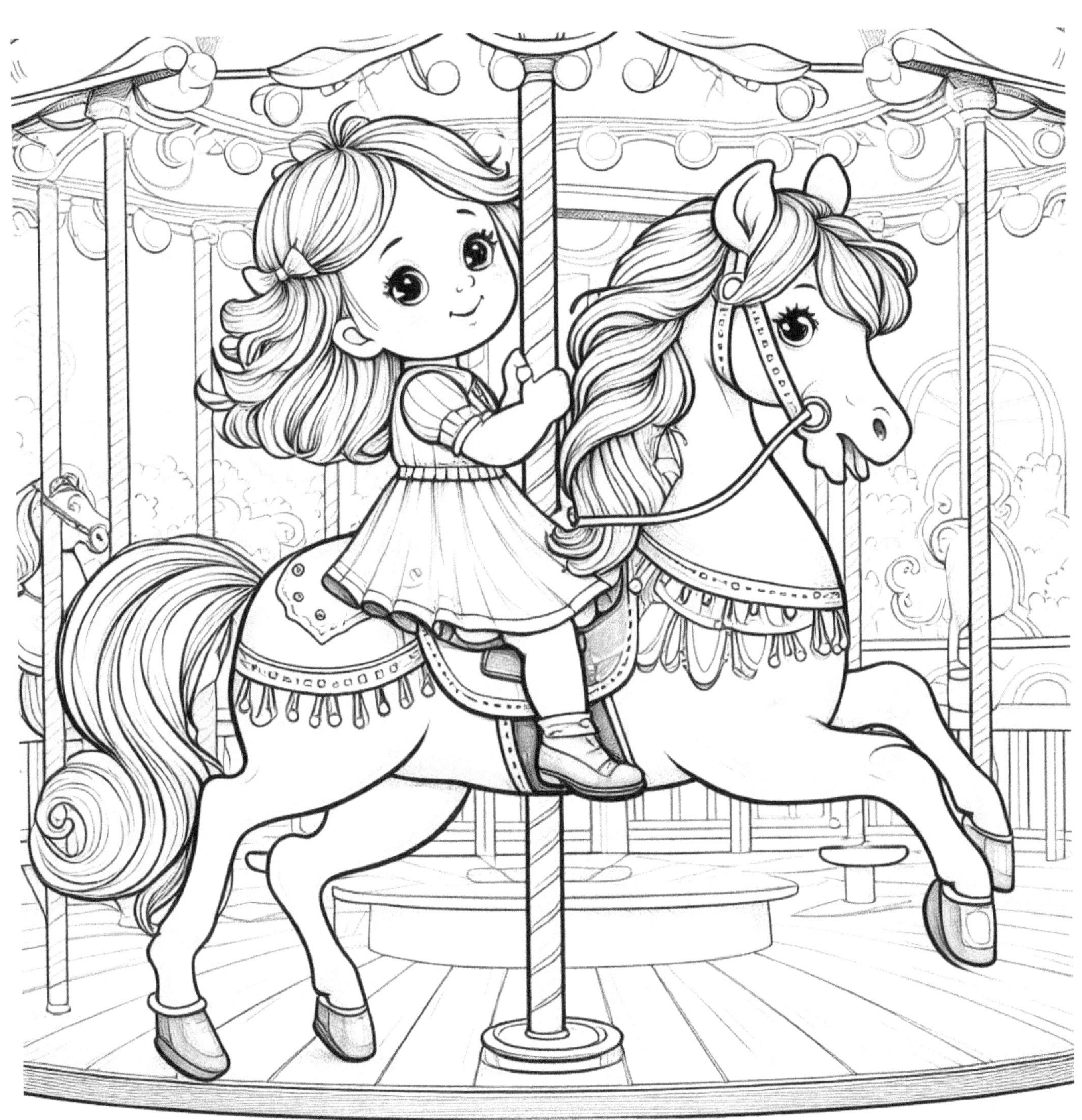

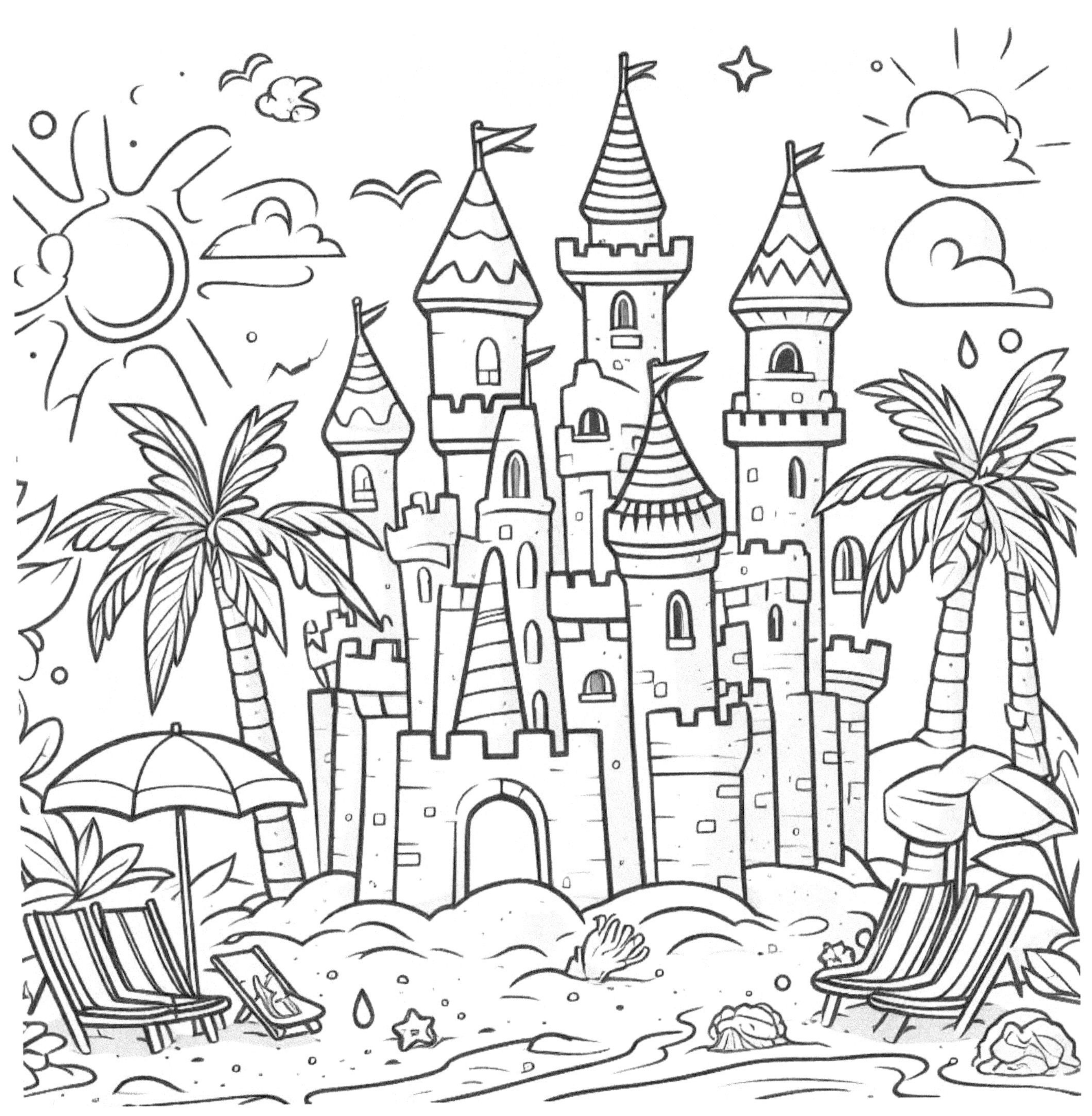

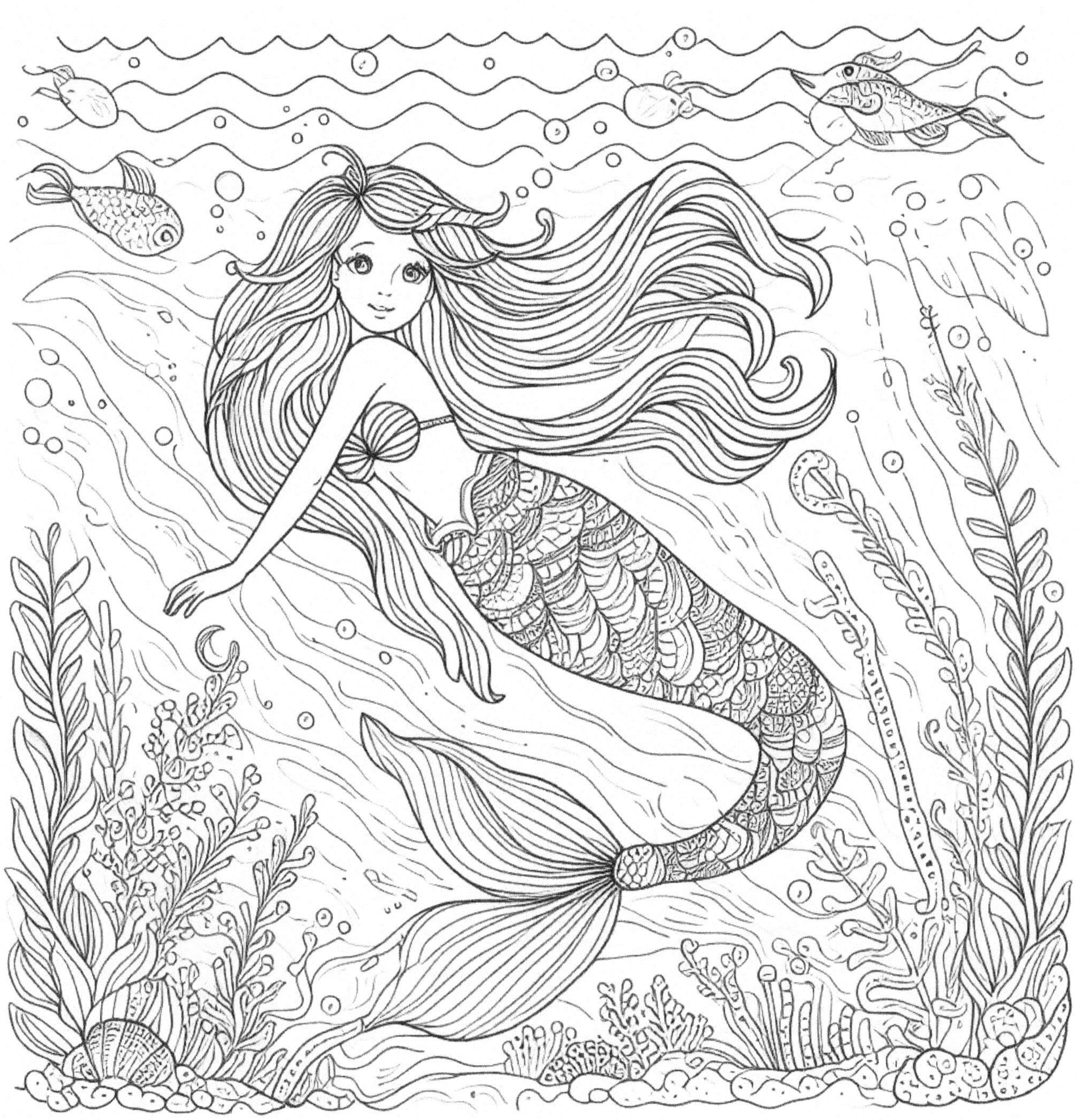

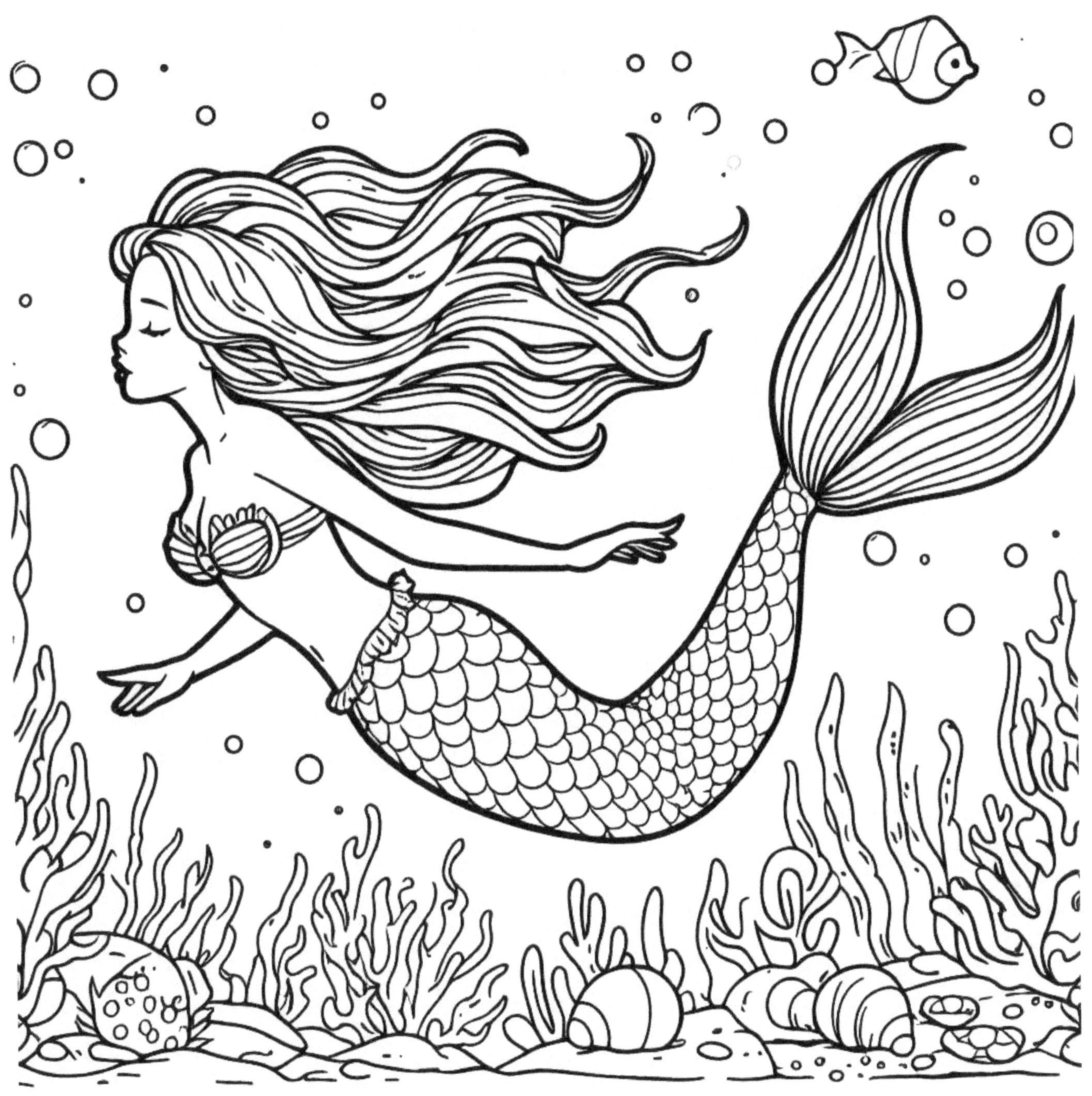

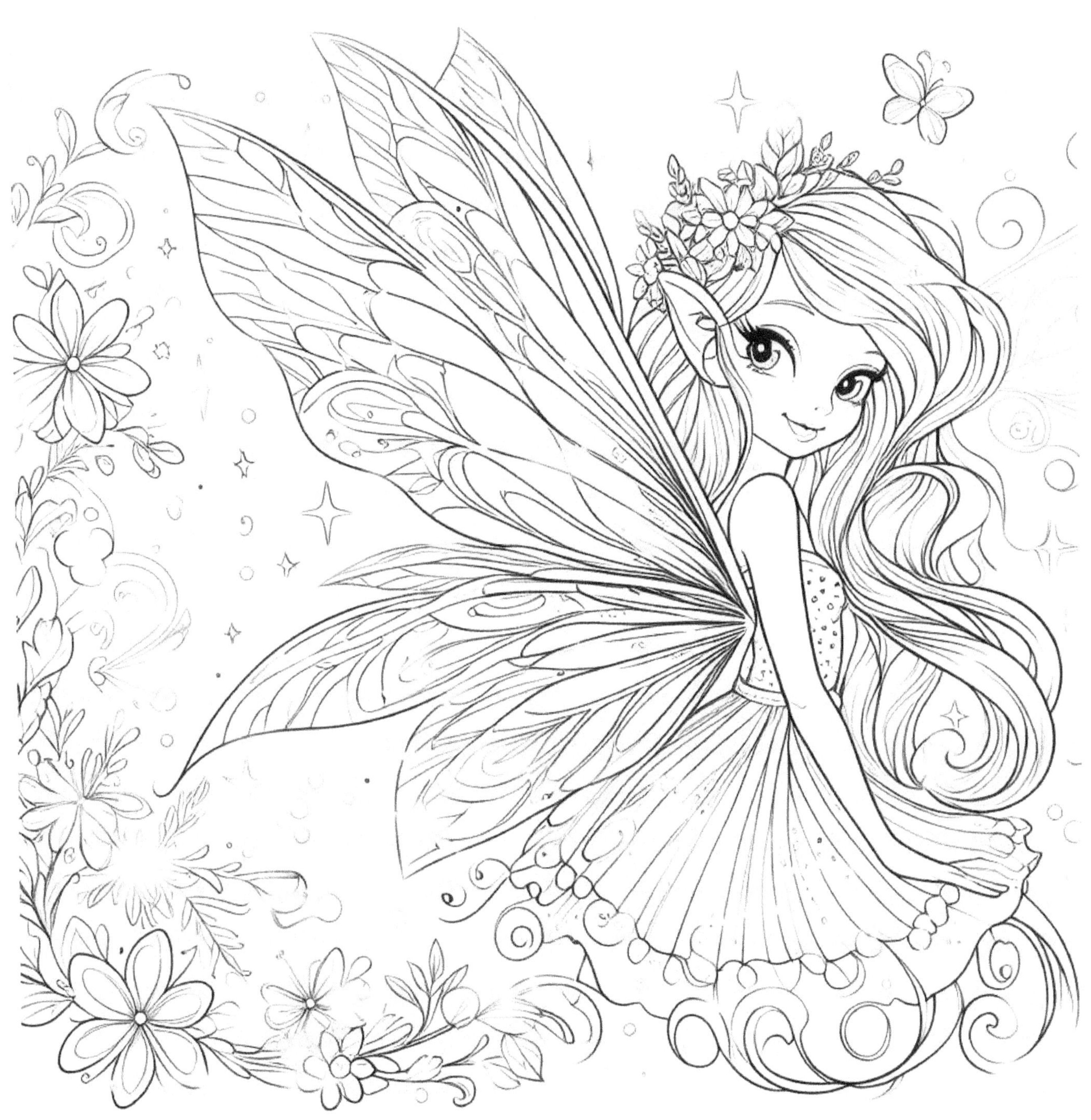

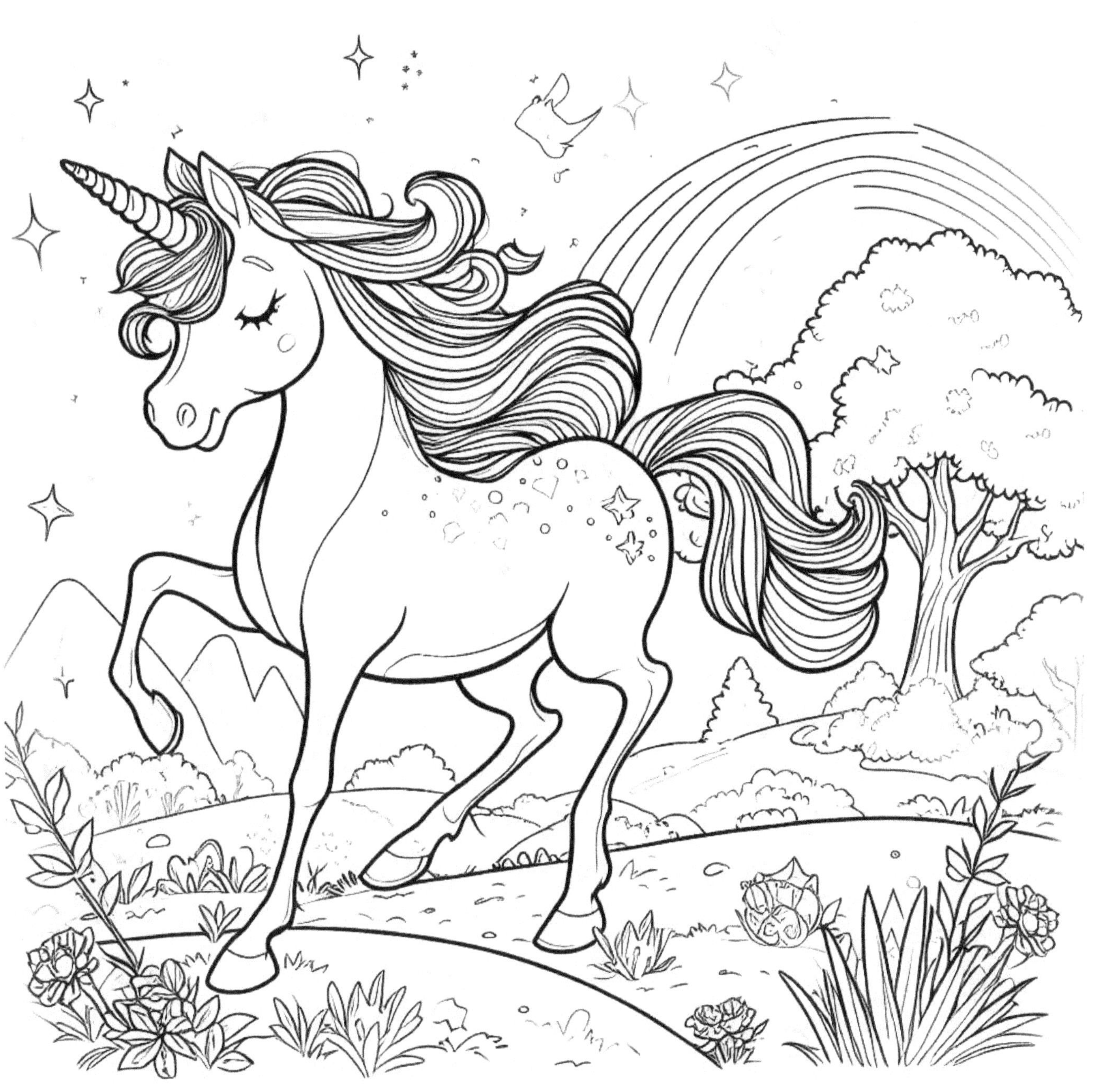

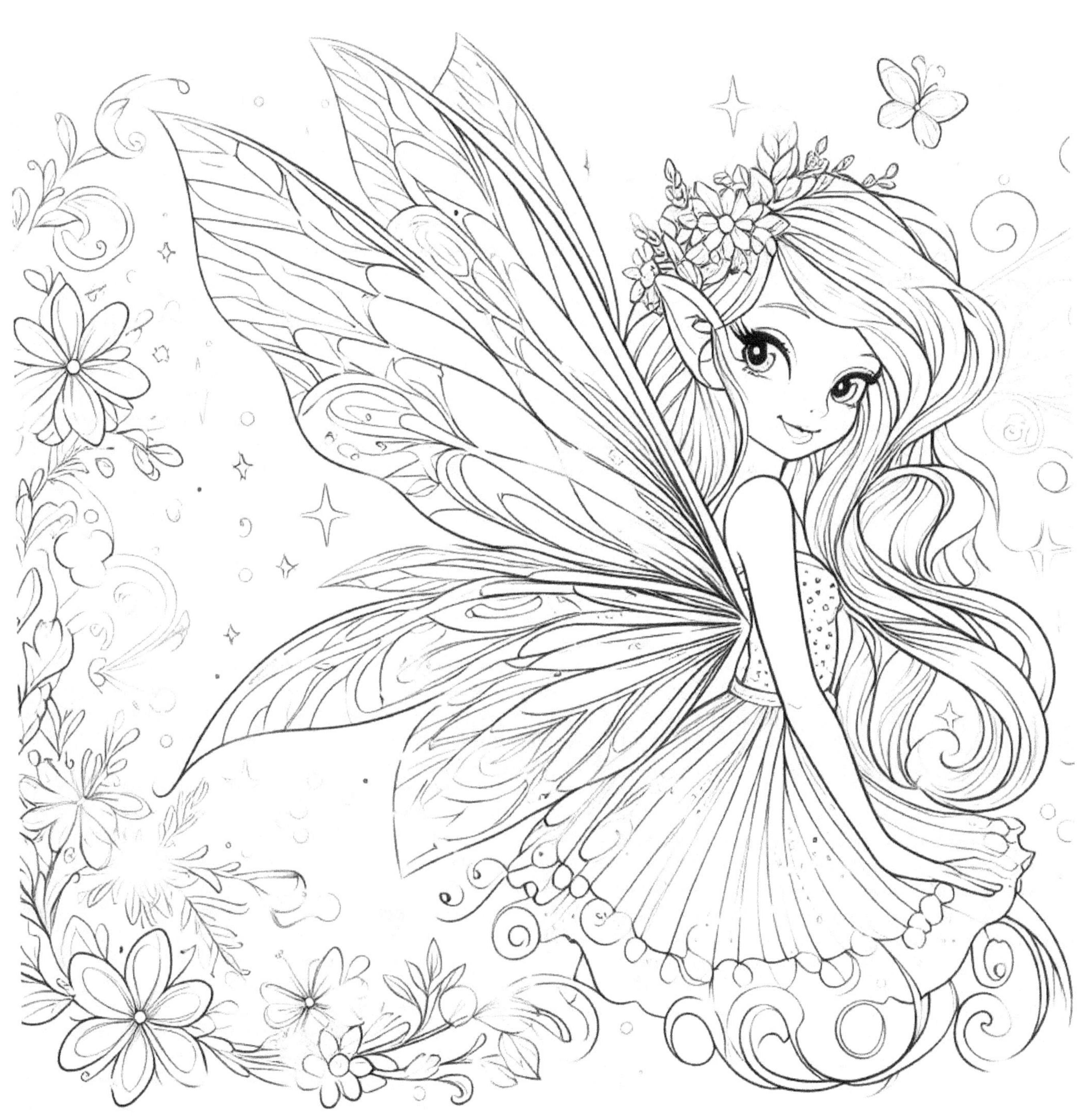

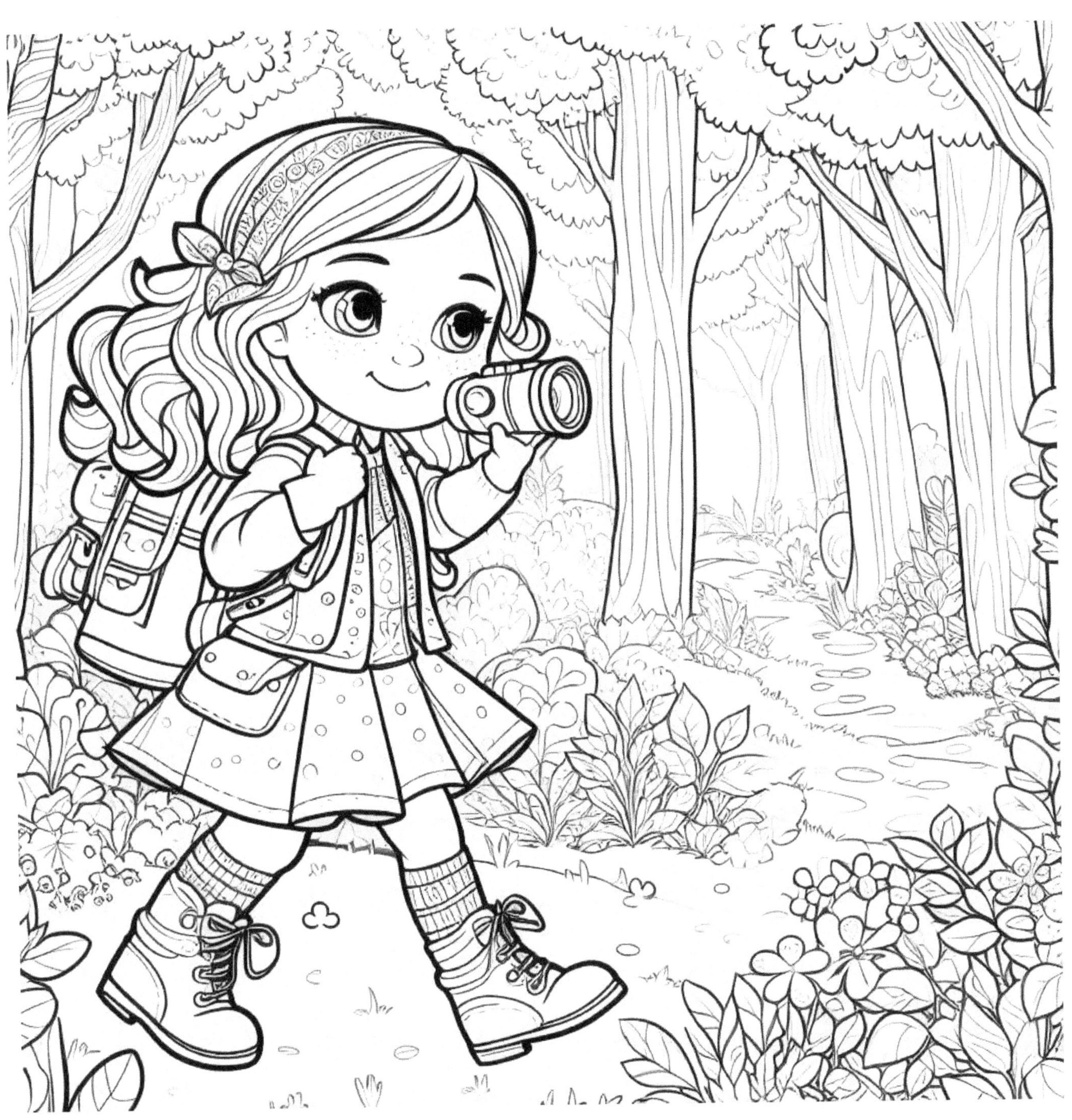

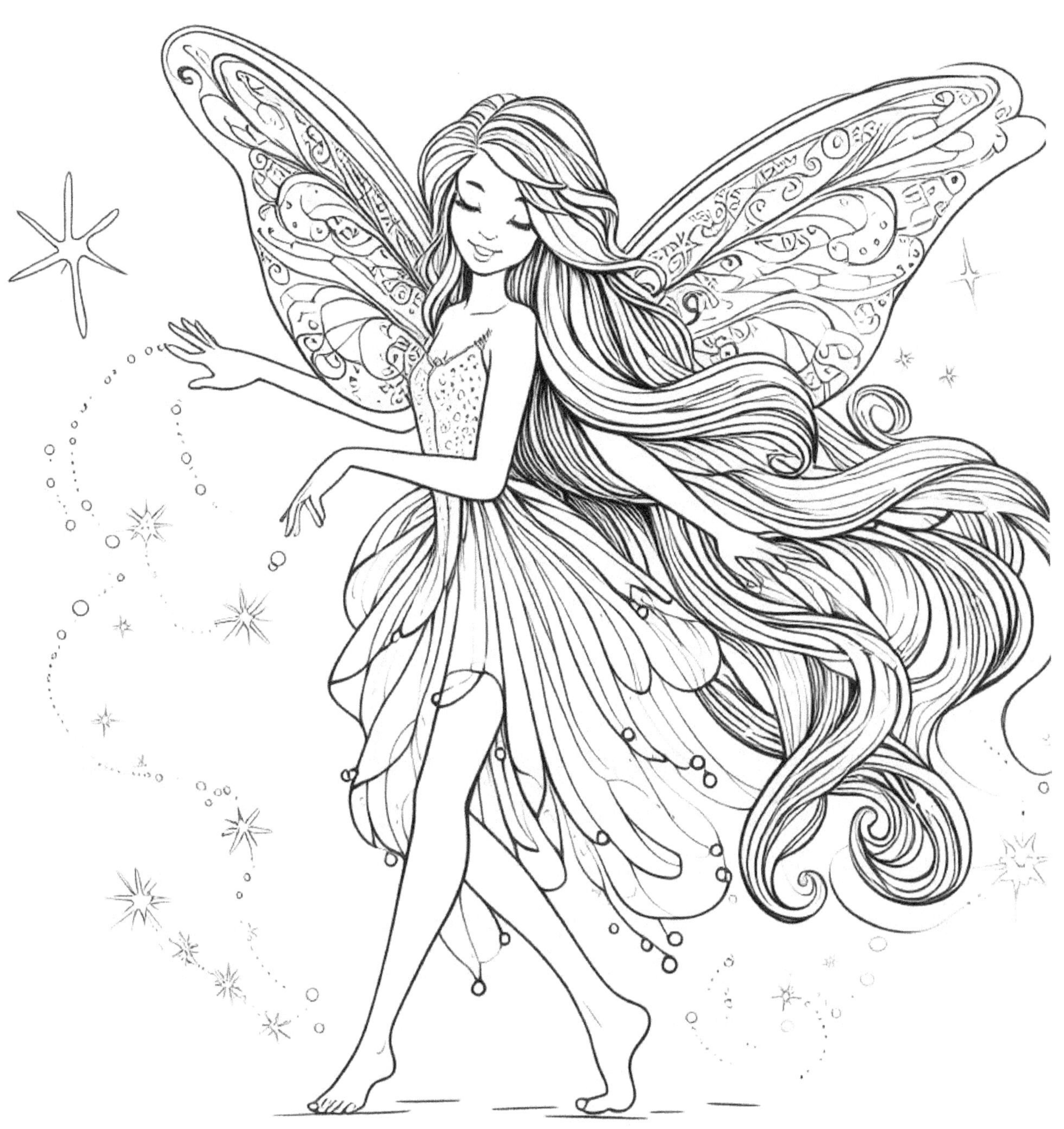

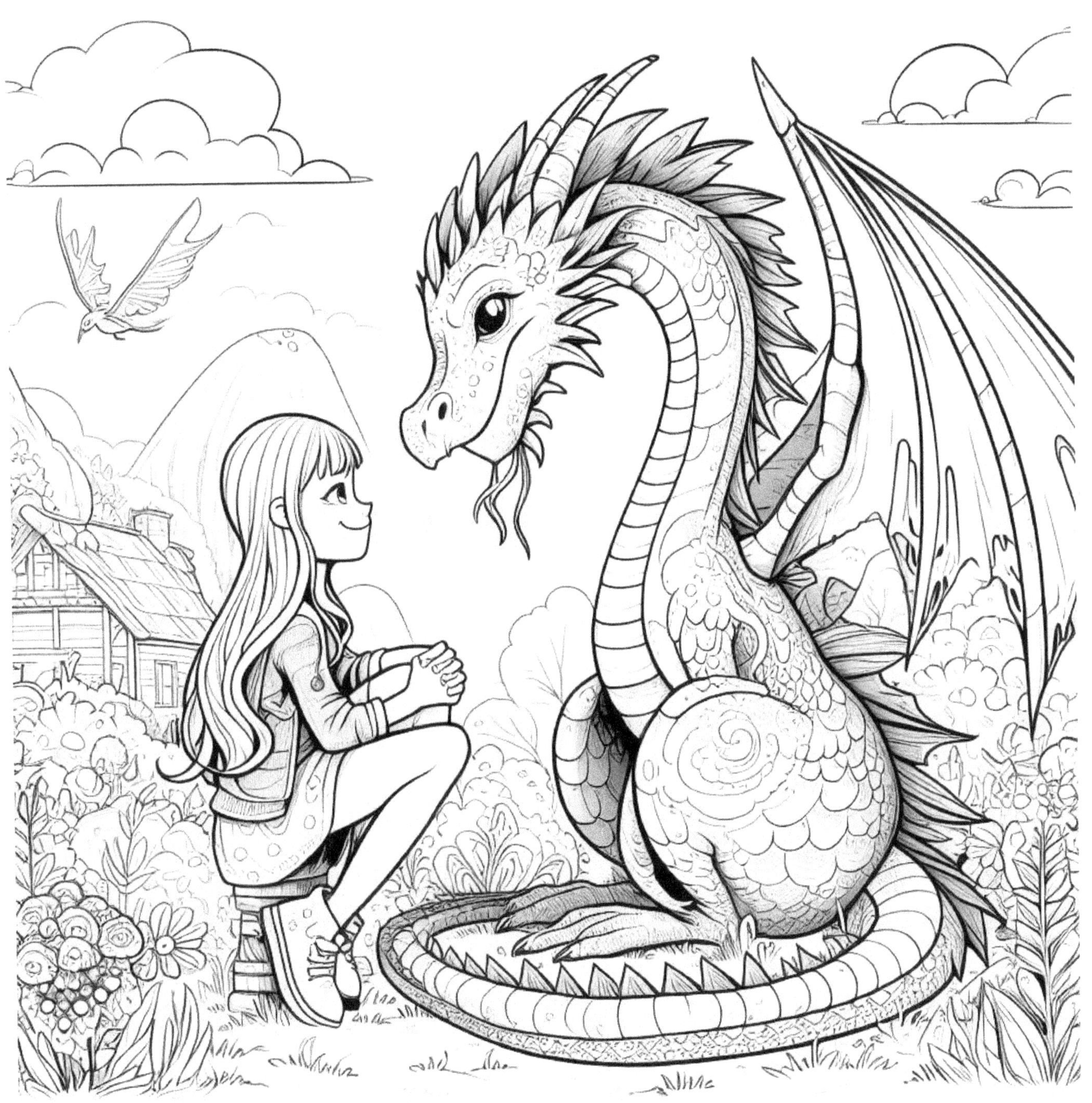

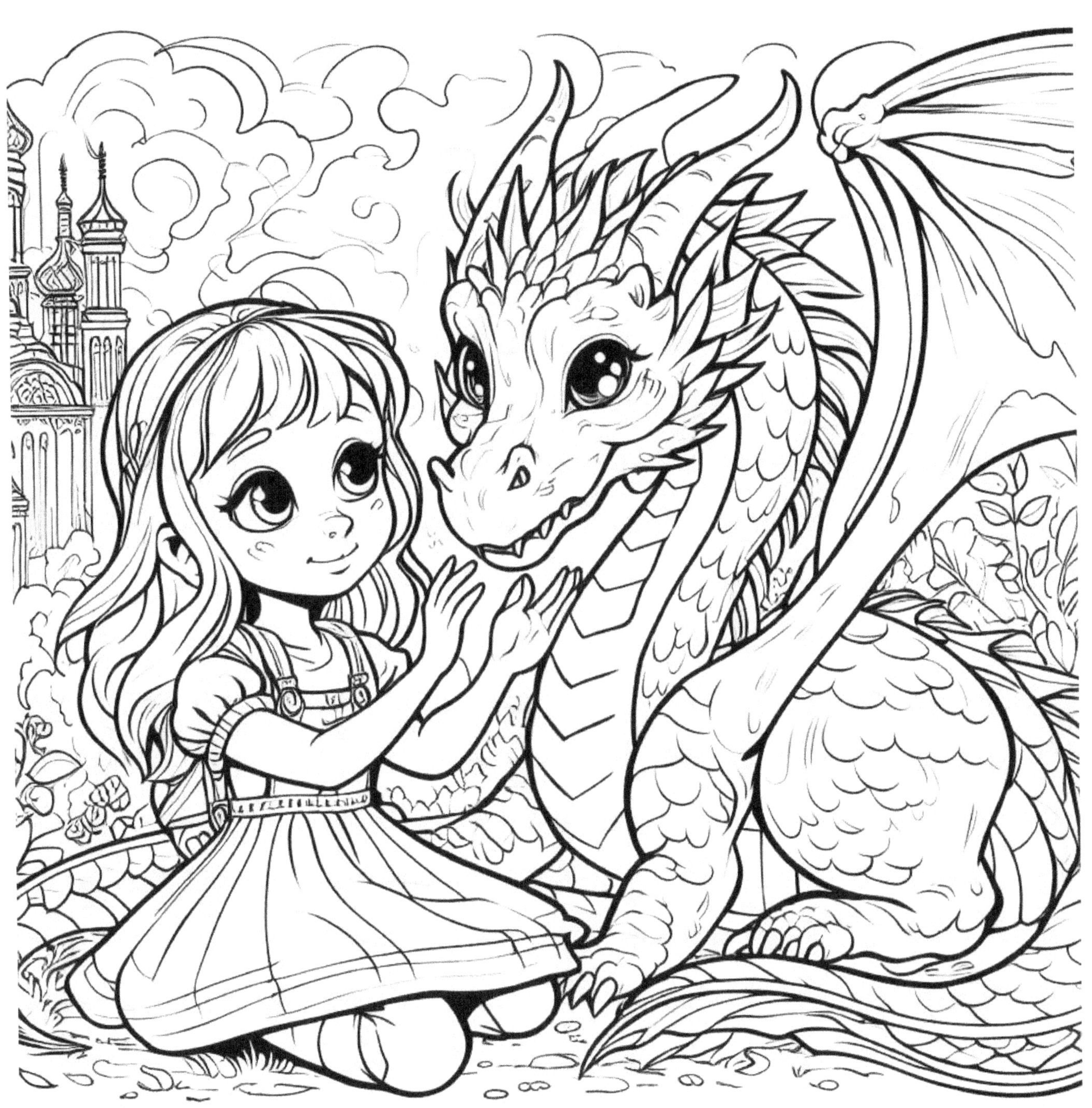

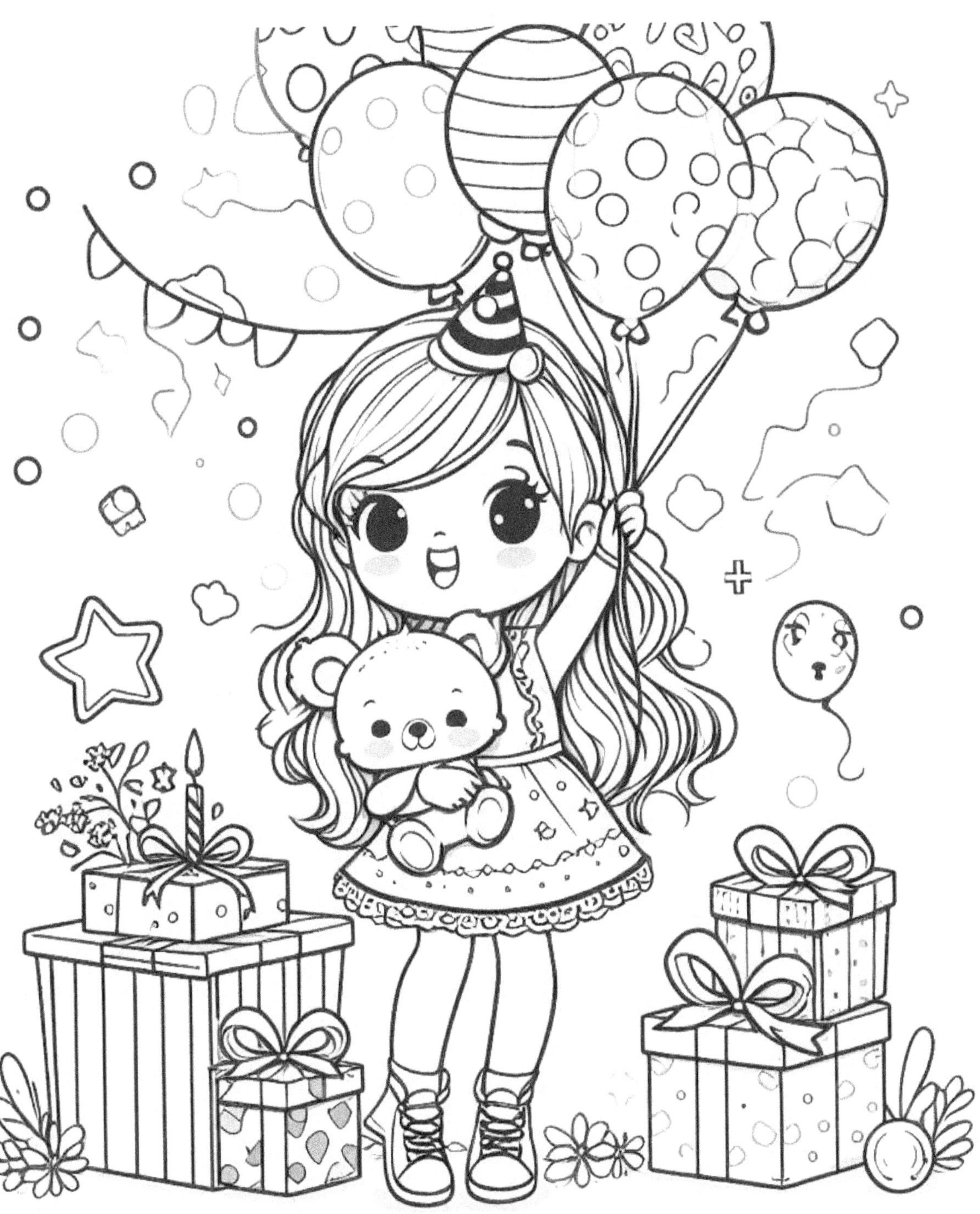

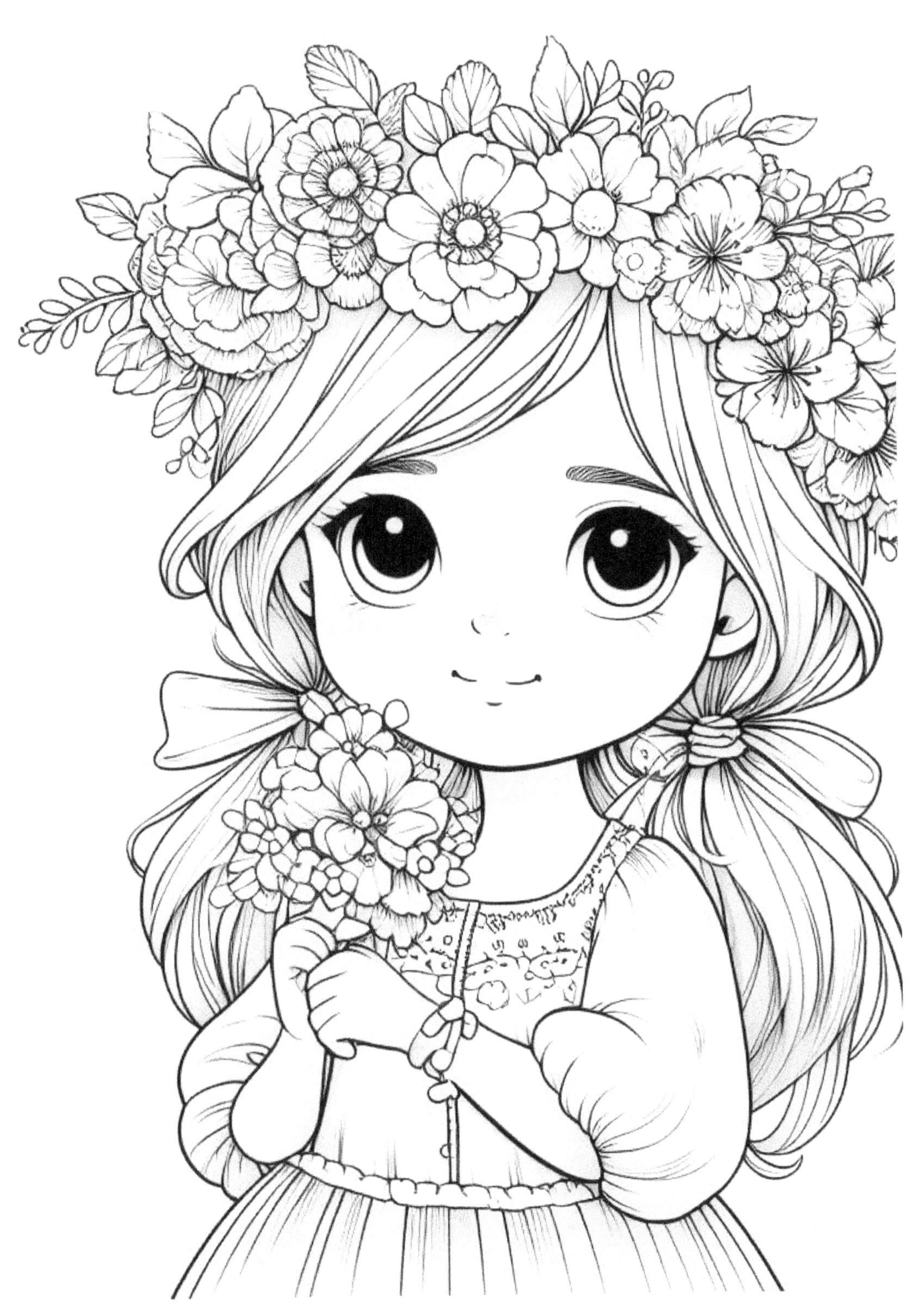

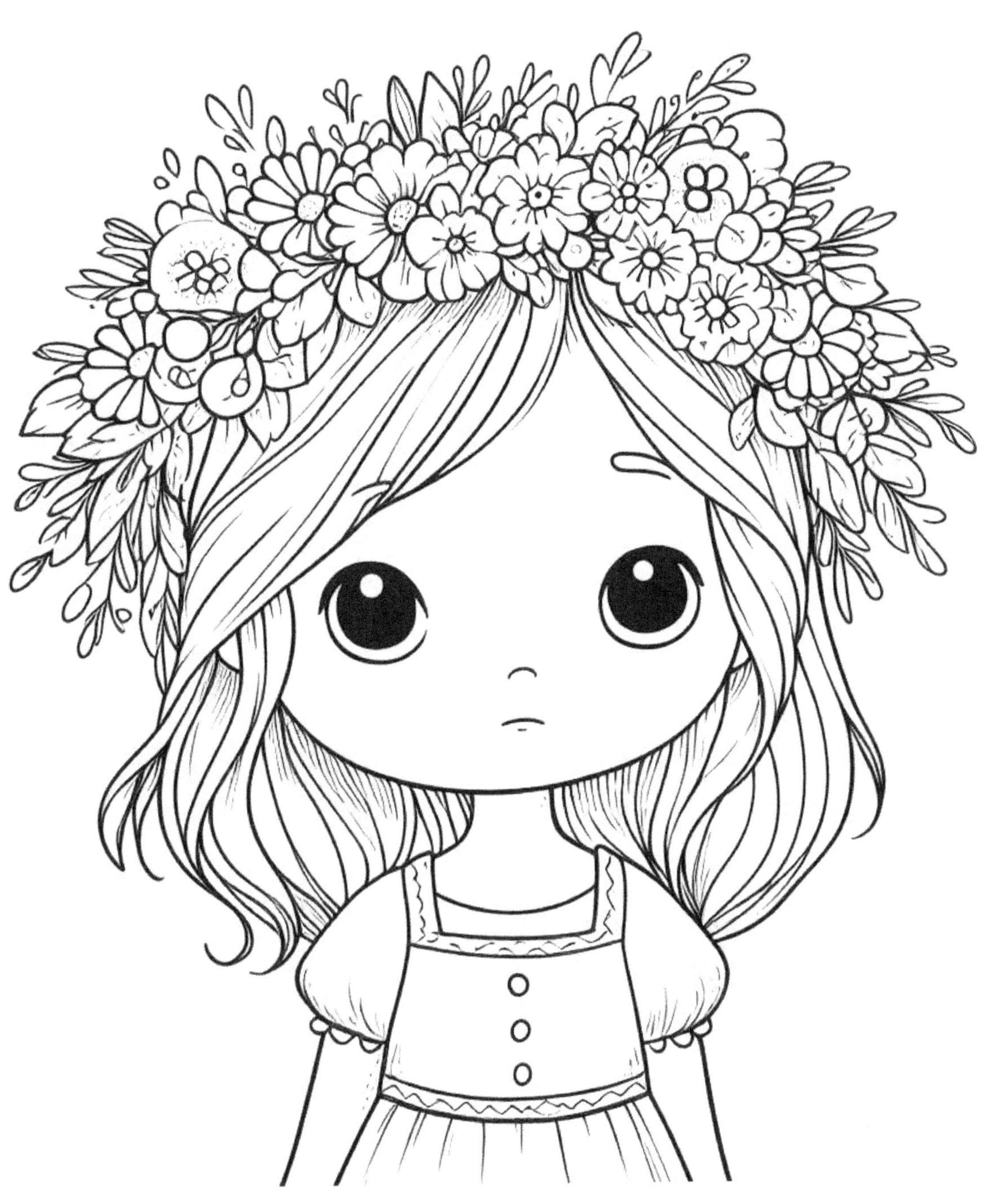

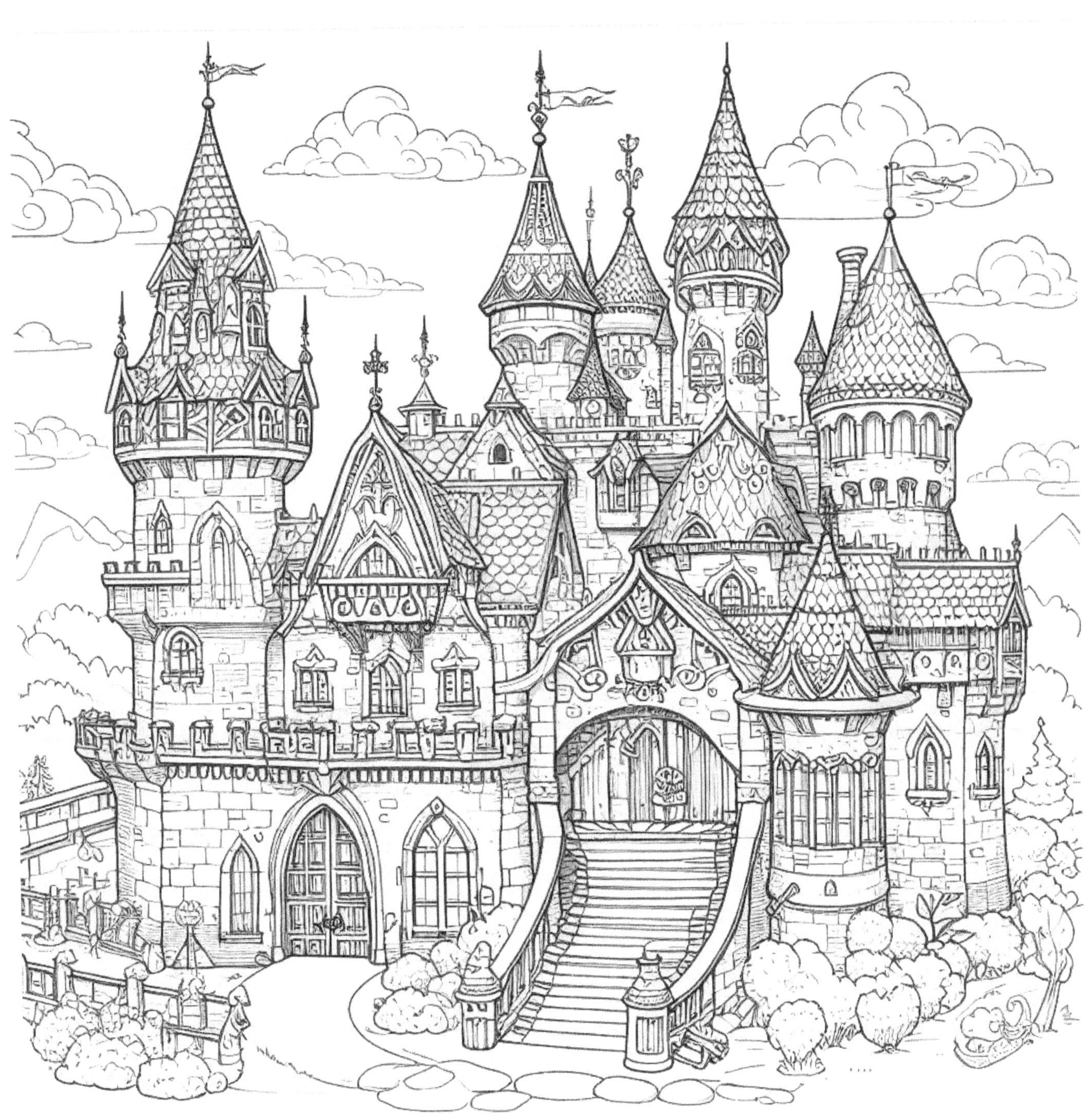

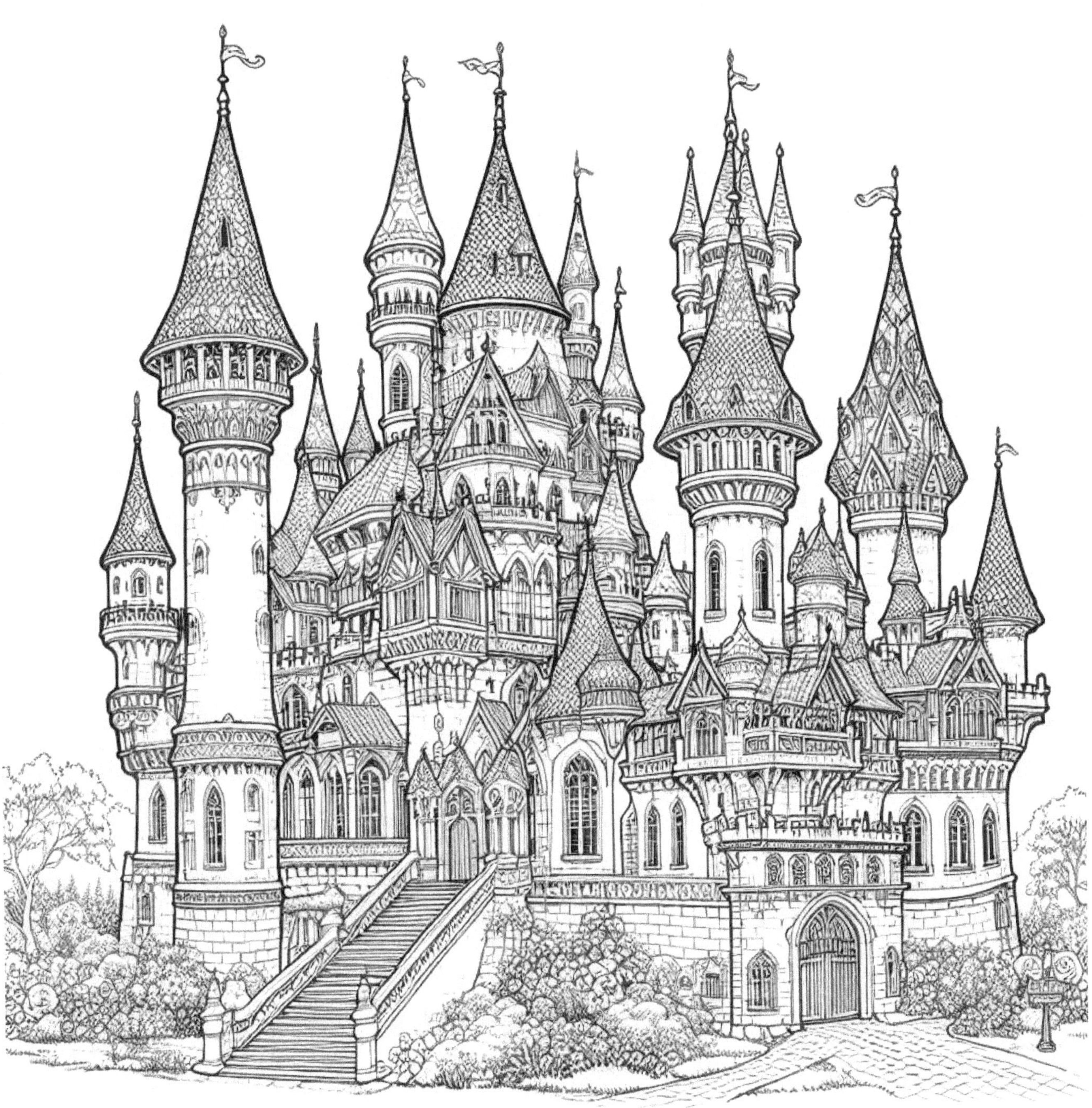

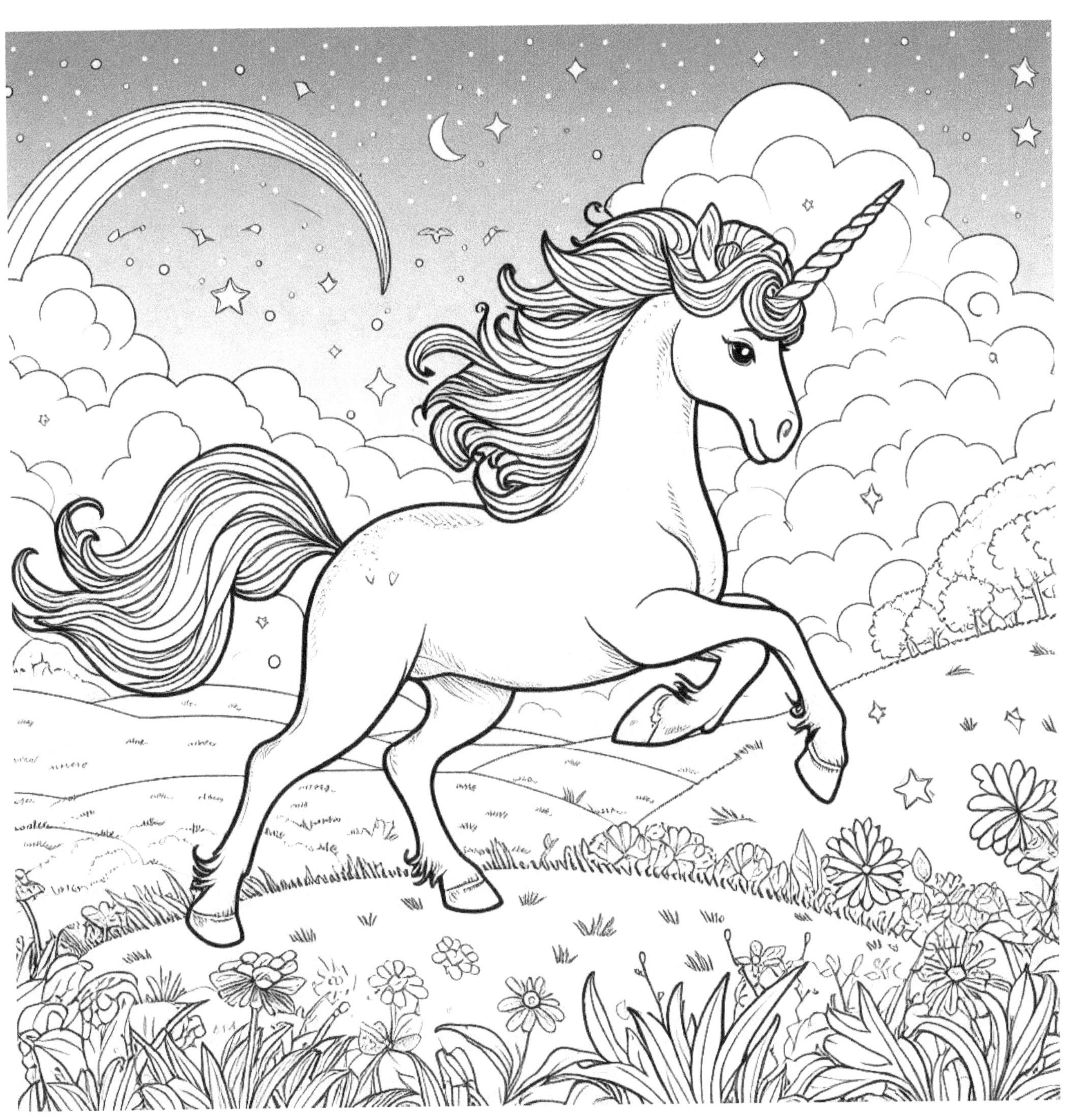

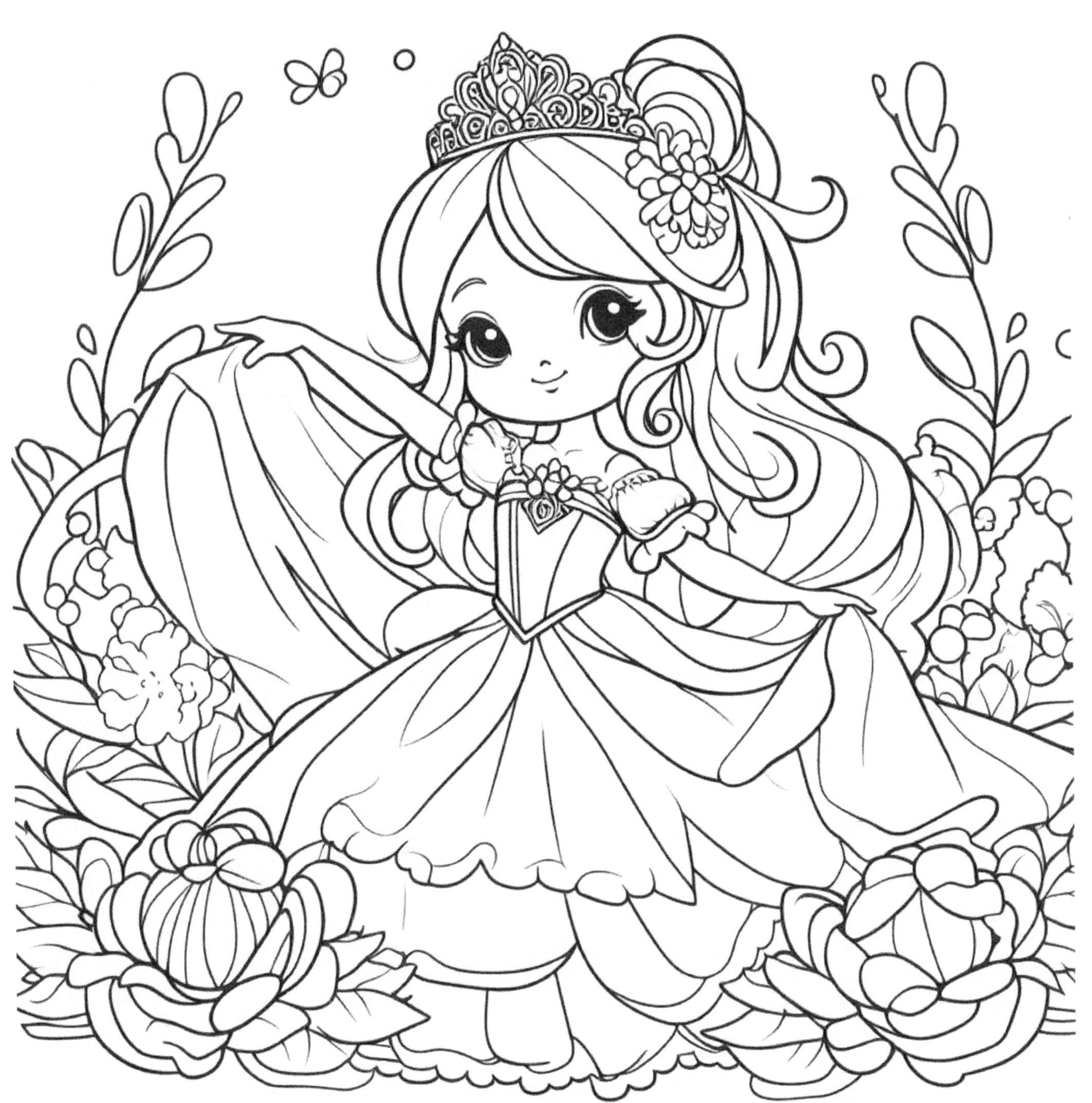

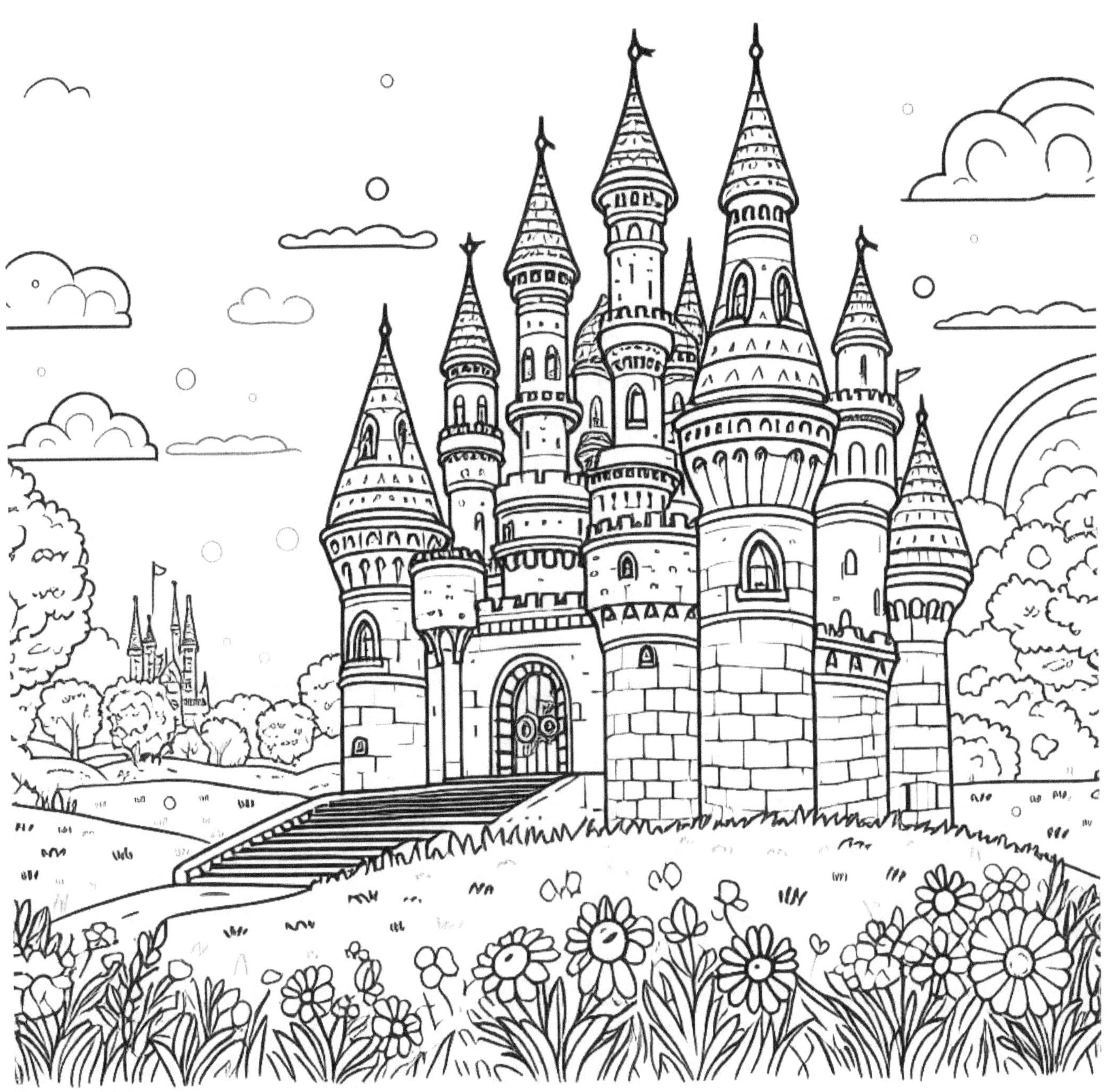

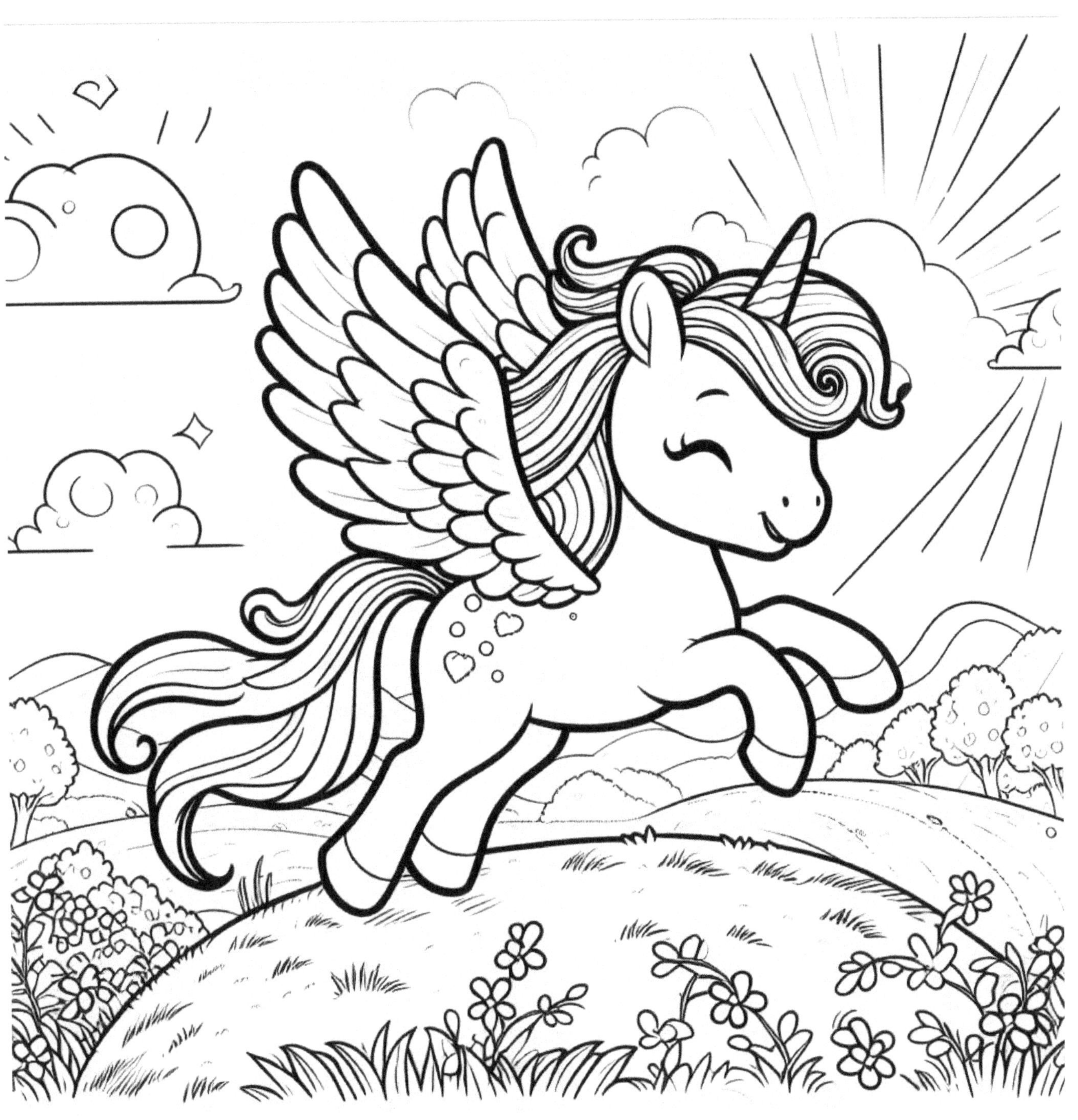

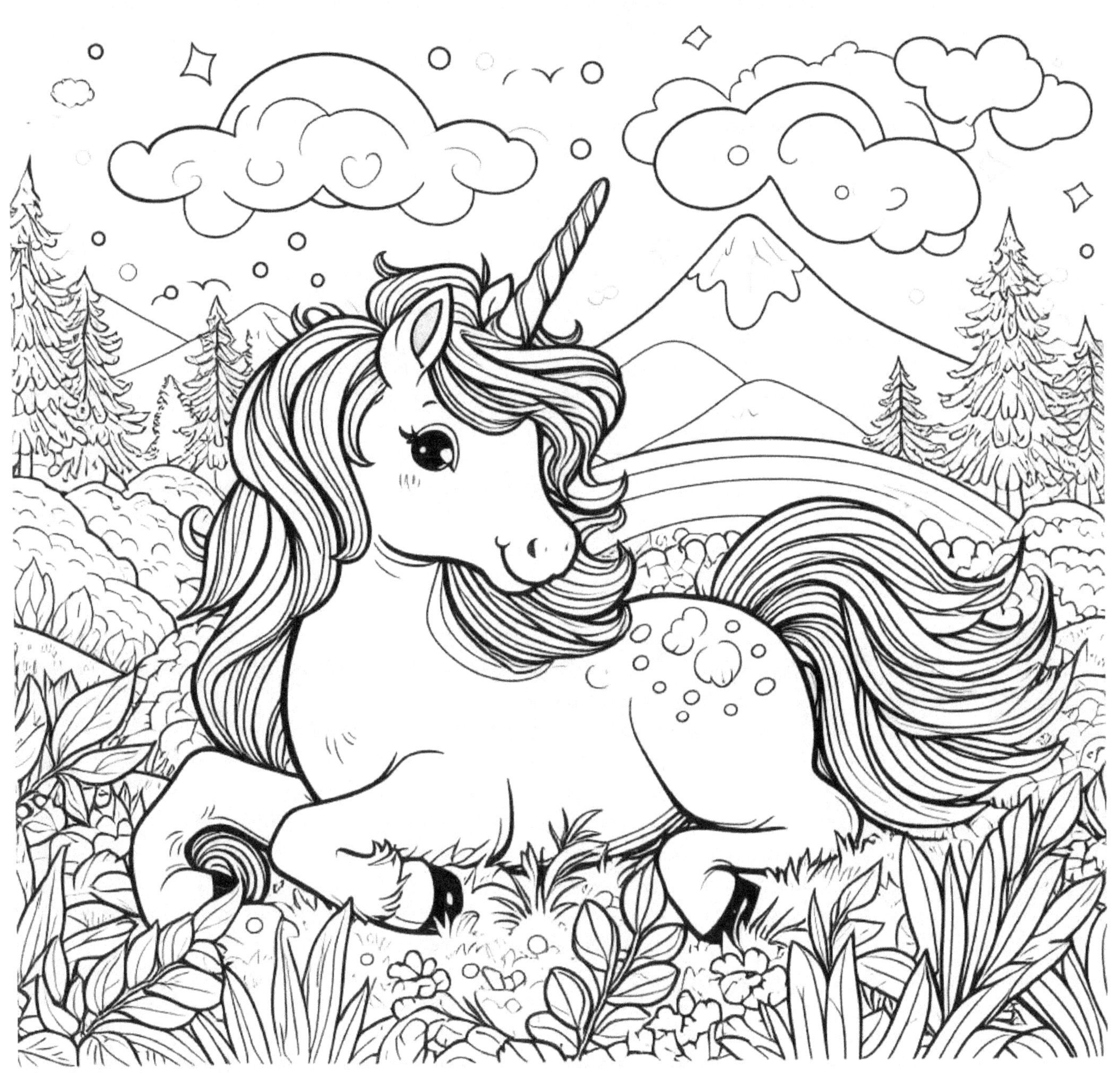

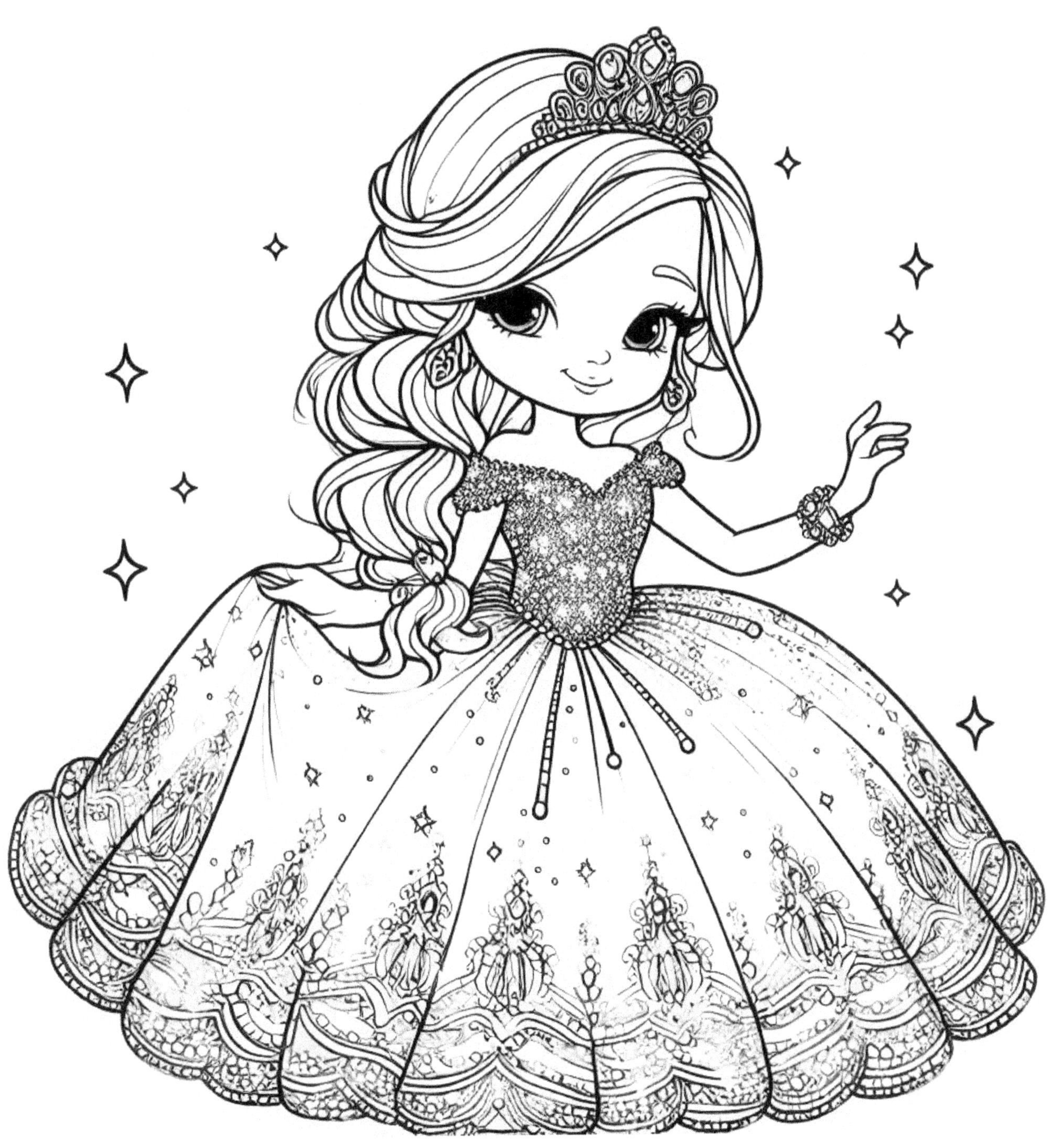

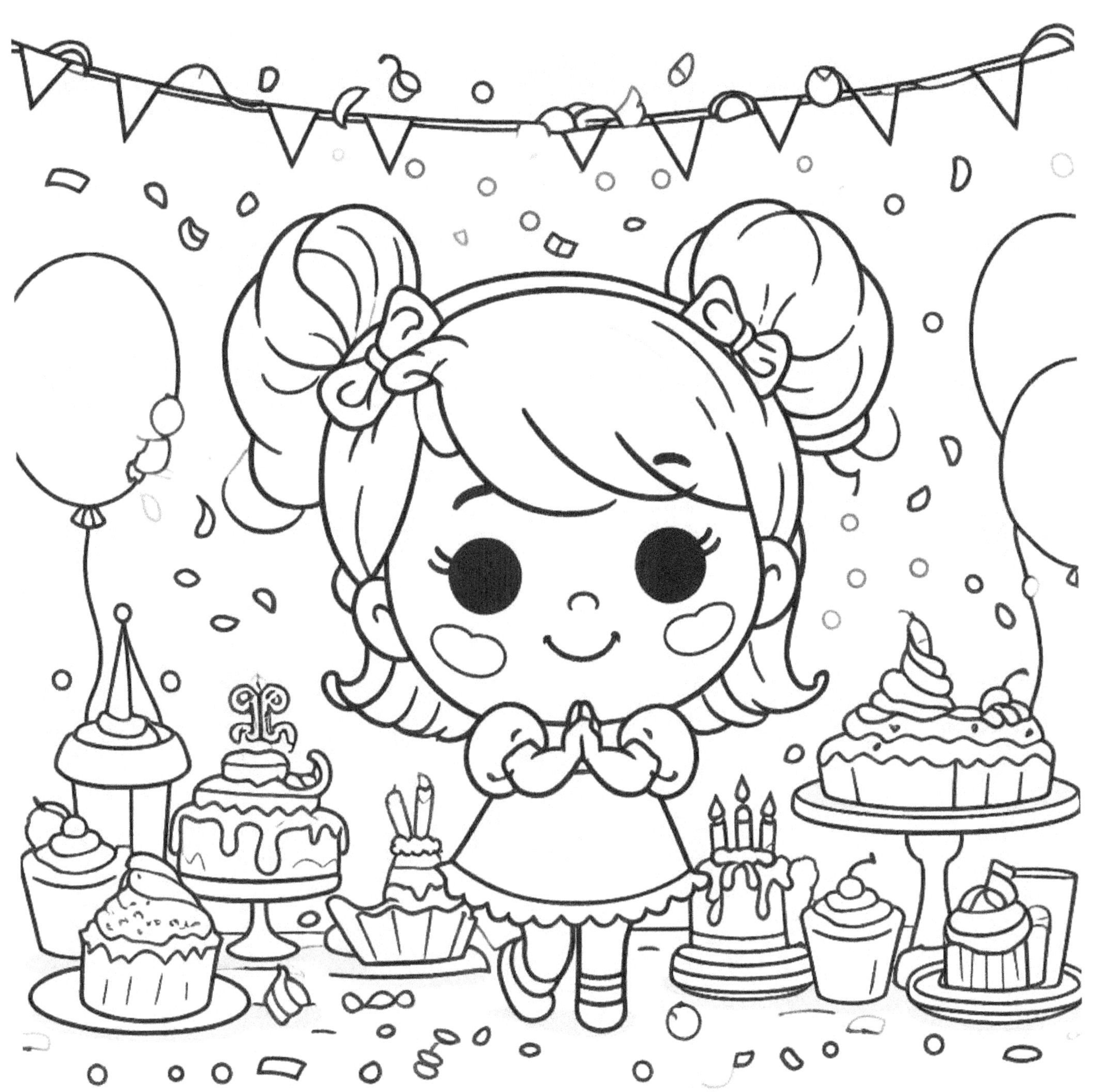